图说 福建与海上丝绸之路

涨海声中

——福建与波斯、阿拉伯

主编 谢必震 副主编 吴巍巍

丁毓玲 林瀚 著

海峡出版发行集团
福建教育出版社

2018年度国家社会科学基金重大项目
“古代中国海上丝绸之路图像资料的收集、整理与研究”

（项目编号：18ZDA186）

总　序

谢必震

早在公元前 1 世纪，我国就有一条从今广东徐闻、合浦通往印度东岸的完整的海上航线，但早期的中国航海与国家的经济发展没有多大的关系。帝王组织航海，多半是为了寻找长生不老之药，或是为了追寻海外的奇珍异宝，供宫廷奢侈糜烂的生活所需。中国真正意义上的海外贸易，是从唐代创立市舶司开始的，海外贸易这时才被纳入国家的财政收入中。

“闽在海中”，福建因其优越的地理条件，注定了在中国的海外交通与贸易史上有着重要的历史地位。

今天人们提起历史上的海上丝绸之路，是那样的惬意，富有诗情画意。殊不知历史上海上丝绸之路的形成，经历了漫长的岁月，经历了惊涛骇浪的恐惧。无情的大海吞噬了无数鲜活的生命，才填铺出这蜿蜒曲折的海上丝绸之路。当我们回顾古代中国海上丝绸之路发展的历程时，切不可忘记那些伟大的先行者们，他们是那些漂洋过海的僧侣、出海谋生的百姓、征战流落海外的将士、册封藩属国的使者、政治避难异国的朝臣、遭遇海难的幸存者、七下西洋的郑和船员……

“海舟以福建船为上”，这在宋代早有评说。正是福建拥有那个时代最高的航海与造船技术，泉州港的繁荣才达到了登峰造极的地步。指南针的应用，航海天文技术的发展，牵星过洋，顺风相送，代代相传的航海针路簿，一目了然的山形水势图，甚至在福建人的航海中也广泛应用了西方的先进技术，计时的沙漏、西洋的望远镜都出现在航海的过程中。福建人的航海理念也在飞速地提升，“海者，闽人之田也”集中反映了福建人航海将经济利益放在第一位的理念。正是在经济这一杠杆的作用下，福建人才创造了舟行天下、货通中外的大航海时代。

从现存的史料来看，东到日本、朝鲜半岛，南至东南亚、南亚诸国以及非洲大陆，都有福建海商的足迹。海外诸国的商人也都把福建各港作为贸易的立足点。据史籍记载，与福建贸易的外国商船，分别来自亚洲、非洲、欧洲、美洲等地。由此可见，中国古代海上丝绸之路亦是世界各国人民共同建构的。

我们赞叹古代海上丝绸之路的完美，我们认真审视福建人的航海历史，我们由衷地敬佩福建先民对中国航海的卓越贡献。他们不平凡的航海活动为我们留下了诸多的宝贵财富，如深海大洋中的沉船、留存各处的贸易品、沉寂多年的港湾、依稀可辨的航标、长长的航海画卷、泛黄的海道针经、坐落各地的妈祖神庙……“图说福建与海上丝绸之路”丛书的编纂，就是将这些散落的历史碎片，一一拼接起来，使我们从中看到福建古代海上丝绸之路的历史印记。

古代海上丝绸之路发展的历史已非常清楚地告诉我们，这条海上丝绸之路也是沿线各个国家和地区的人民与中国人民一道建造的。如今，我国提出共建 21 世纪海上丝绸之路的倡议，顺应了世界多极化、经济全球化、社会信息化的潮流，有利于促进经济要素有序地自由流动，符合中国和国际社会的根本利益，彰显了人类社会的共同理想和美好追求，将为世界发展增添正能量。

重温福建与海上丝绸之路的历史，让我们明白，在建设 21 世纪海上丝绸之路的过程中，我国应该在提升综合国力、发展对各国有吸引力的价值观体系、塑造真正的软实力、树立中国的国际形象和威信方面下功夫，逐步形成在全球范围的强大影响力。

我们应该从福建海上丝绸之路的历史中汲取健康的养分，探寻成功的奥秘，把握绝妙的时机，满怀信心地走进新时代，开创胜利的未来。

目　录 / CONTENTS

引　言

波斯、阿拉伯世界，包含今天西亚与北非的大部分地区，历史上这片广袤的土地曾先后孕育出埃及文明、巴比伦文明、亚述文明、波斯文明与阿拉伯文明，并建立起为后世所熟知的波斯王朝与阿拉伯帝国。其漫长的海岸线延伸至大西洋、地中海、阿曼湾、亚丁湾、红海、阿拉伯海、波斯湾及印度洋等海域，因地处东西方交通要冲，成为沟通欧亚非的贸易枢纽，在世界舞台上扮演着重要的角色。

从传世文献、遗迹及考古出土碑铭来看，早在唐代，福建就与波斯、阿拉伯世界开始交往。历史上通过丝绸之路与福建有过往来的波斯、阿拉伯国家包括今伊朗、沙特阿拉伯、伊拉克、也门、科威特、阿联酋、卡塔尔、巴林、阿曼等。此外，肯尼亚、坦桑尼亚、土耳其、吉尔吉斯斯坦、乌兹别克斯坦、土库曼斯坦等国家也曾与福建有过人员往来及物资交换。

伴随着海外贸易的繁盛，依托福建沿海港口的商品集散，抗风性强、稳定性好、运转灵敏的坚固海船，安全可靠的远洋航海技术，福建与波斯、阿拉伯世界的往来更为密切。

第一章
海上丝绸之路中的福建与波斯、阿拉伯世界

早在西汉时期，甘英就循着陆上丝绸之路，从龟兹（今新疆库车）出发，经条支（今伊拉克）、安息（今伊朗）诸国，到达安息西界的波斯湾。中国与波斯、阿拉伯世界的早期交流是从陆路开始的，然而双方大规模的贸易往来却是经由海路来完成的。福建因其地理环境与社会传统，成为与波斯、阿拉伯世界人员及经贸往来的重要地区。

第一节 福建的航海传统

“闽在海中”的时空定位不仅仅是久远的历史记忆，更是福建“八山一水一分田”的地理格局促使闽人向海讨生的真实写照。生活在中国东南沿海的古越人素以狩猎、捕鱼为生，并善于在河川海道中行舟驾船。福建密布的河网和曲折漫长的海岸线，使闽越人很早就懂得造船与航海。

1975 年福建省连江县浦口镇山堂村发掘出土了一艘以樟木刨空而成的西汉独木舟，全长 7.1 米，前宽 1.1 米，后宽 1.5 米，残高 0.82 米，系用整根樟木凿成。舟两侧舷板由前向后斜起，最高处 0.6 米。在距尾部 2.5 米至 3.33 米处，凸起一块高约 0.22 米的近方形木座。该独木舟是闽越人造船技术的实物见证。

西汉独木舟，连江县浦口镇山堂村出土

1973 年 9 月，福建省武夷山观音岩崖洞发现一具船棺，棺身就是一条完整的独木舟。首尾底板向前后延伸，微微上翘；中间挖空，形成长方形空槽。从整个船棺结构来看，棺板薄，船体轻。

1978 年 9 月，在武夷山白岩崖洞中又发现一具船棺，船棺由棺盖、棺身两部分组成，上下套合。棺盖为半圆形，内部刳空，如船篷状，船棺盖、底分别以整木凿成，质地坚硬，体形轻薄，制作规整，造型奇特，体现了较高的制作水平。

武夷山悬崖峭壁上的船棺

武夷山船棺

这两具船棺的质料经当时的福建林学院林学系鉴定，是当地生长的一种楠木——闽楠。据 C^{14} 测定，白岩船棺树轮校正年代为距今 3445±150 年，观音岩船棺树轮校正年代为距今 3620±130 年，由此可基本确定武夷山船棺应为商周遗物。参之文献，船棺葬当为此时期“七闽”之中某一族群的葬俗。闽越先民水行山处的生活环境，直接影响了他们的葬制形式。

据《史记》记载："元鼎五年，南越反，东越王馀善上书，请以卒八千人从楼船将军击吕嘉等。兵至揭阳，以海风波为解，不行，持两端，阴使南越。及汉破番禺，不至。"由此可见当时闽越人已具备一定的航海能力。

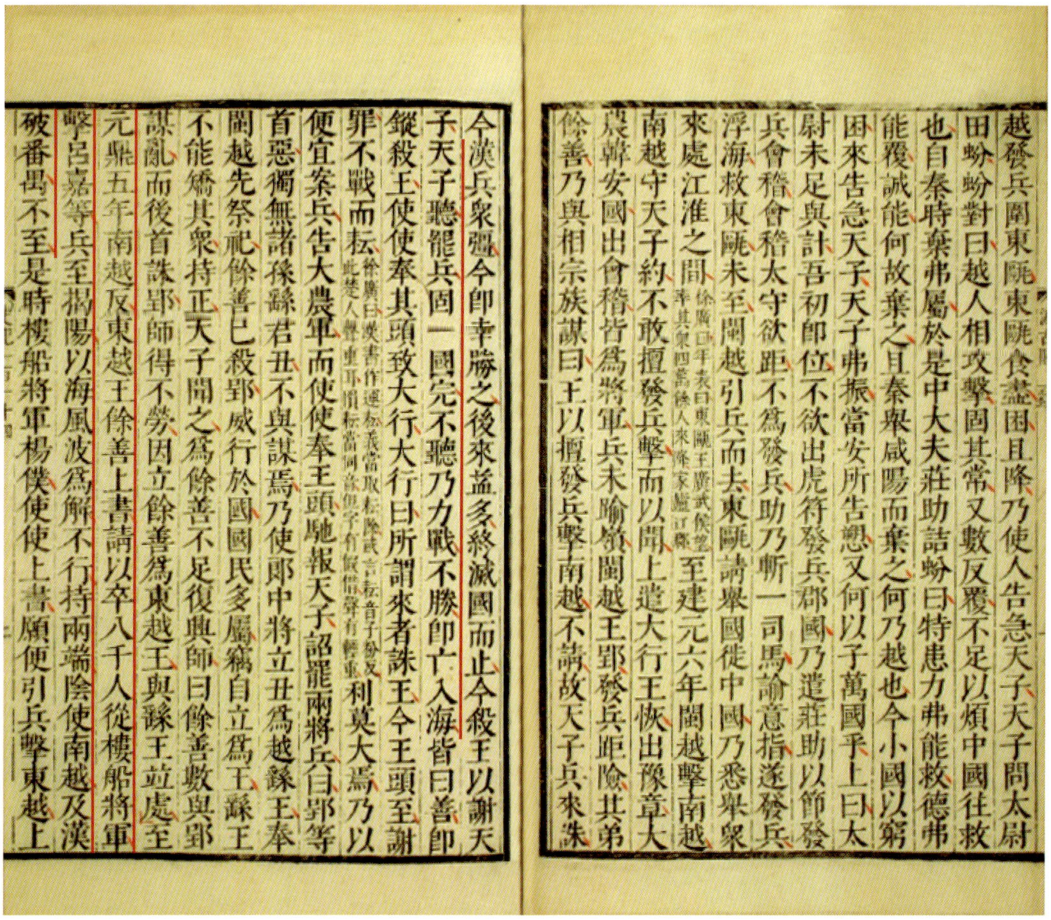
越發兵圍東甌東甌食盡困且降乃使人告急天子天子問太尉田蚡蚡對曰越人相攻擊固其常又數反覆不足以煩中國往救也自秦時棄弗屬於是中大夫莊助詰蚡曰特患力弗能救德弗能覆誠能何故棄之且秦舉咸陽而棄之何乃越也今小國以窮困來告急天子天子弗振當安所告愬又何以子萬國乎上曰太尉未足與計吾初即位不欲出虎符發兵郡國乃遣莊助以節發兵會稽會稽太守欲距不爲發兵助乃斬一司馬諭意指遂發兵浮海救東甌未至閩越引兵而去東甌請舉國徙中國乃悉舉衆來處江淮之間徐廣曰年表曰東甌王廣武侯望率其衆四萬餘人來降家廬江郡至建元六年閩越擊南越南越守天子約不敢擅發兵擊而以聞上遣大行王恢出豫章大農韓安國出會稽皆爲將軍兵未踰嶺閩越王郢發兵距險其弟餘善乃與相宗族謀曰王以擅發兵擊南越不請故天子兵來誅今漢兵衆彊今即幸勝之後來益多終滅國而止今殺王以謝天子天子聽罷兵固一國完不聽乃力戰不勝即亡入海皆曰善即鏦殺王使使奉其頭致大行大行曰所謂來者誅王今王頭至謝罪不戰而耘徐廣曰漢書作邇耘義當取耘除或云耘音子爲反此楚人聲重耳猶耘當同音但字有假借聲有輕重利莫大焉乃以便宜案兵告大農軍而使使奉王頭馳報天子詔罷兩將兵曰郢等首惡獨無諸孫繇君丑不與謀焉乃使郎中將立丑爲越繇王奉閩越先祭祀餘善已殺郢威行於國國民多屬竊自立爲王繇王不能矯其衆持正天子聞之爲餘善不足復興師曰餘善數與郢謀亂而後首誅郢師得不勞因立餘善爲東越王與繇王並處至元鼎五年南越反東越王餘善上書請以卒八千人從樓船將軍擊呂嘉等兵至揭陽以海風波爲解不行持兩端陰使南越及漢破番禺不至是時樓船將軍楊僕使使上書願便引兵擊東越上

《史记·东越列传》书影

《越绝书》有言：“夫越性脆而愚，水行而山处；以船为车，以楫为马；往若飘风，去则难从。”《汉书·严助传》中，也从多个角度提到当时闽越土著的生活习俗：“越非有城郭邑里也，处溪谷之间，篁竹之中，习于水斗，便于用舟，地深昧而多水险……入越地，舆轿而逾岭，拖舟而入水，行数百千里，夹以深林丛竹，水道上下击石，林中多蝮蛇猛兽。”这些细致的描写，生动地反映了闽越先民生活在丛林溪谷之间，长年在山地攀援奔行，同时亦善于在河川中驾船行舟的生活习性。

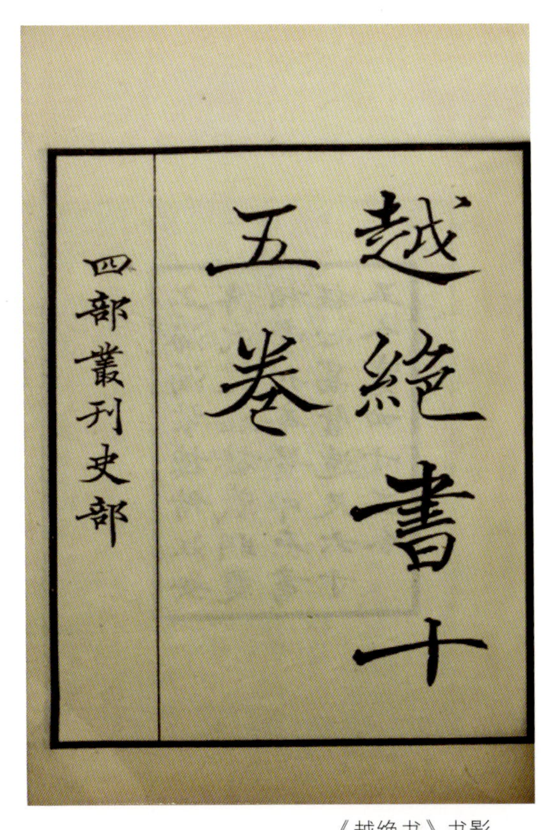

《越绝书》书影

也侯衞二服同爲賓也 蠻夷要服 師古曰又在侯衞之外而居九州之内也要言以文德要來之耳音一遥反 戎
狄荒服 師古曰此在九州之外者也荒言其荒忽絶遠來去無常也 遠近埶異也自漢初
定已來七十二年吴越人相攻擊者不可勝數然
天子未嘗舉兵而入其地也臣聞越非有城郭邑
里也處谿谷之閒篁竹之中 服虔曰竹叢也音皇 師古曰竹田曰篁 習於
水鬭便於用舟地深昧而多水險 師古曰昧暗也言多草木 中國
之人不知其埶阻而入其地雖百不當其一得其
地不可郡縣也攻之不可暴取也以地圖察其山
川要塞相去不過寸數而閒獨數百千里 師古曰閒中閒也或
入九百里或千里也 阻險林叢弗能盡著 師古曰不可盡載於圖也著音竹助反 視之

就婦家爲贅婿耳 贅婿解在賈誼傳 賴陛下德澤振救之得毋轉死溝壑
四年不登五年復蝗民生未復 師古曰生謂生業復音扶目反 今發兵
行數千里資衣糧入越地 師古曰資猶齎 輿轎而隃領 服虔曰轎
音橋梁謂隘道輿車也臣瓚曰今竹輿車也江表作竹輿以行是也項昭曰陵絶水曰轎音旗廟反領山領也不通船車運轉皆擔輿也師古曰服音瓚説是也項氏謬矣此直言以轎過領耳何云陵絶水乎又旗廟之音無所依據隃與踰同 拕舟而入水 師古曰拕曳也音它
行數百千里夾以深林叢竹水道上下擊石 師古曰謂船觸石難以行也
林中多蝮蛇猛獸 師古曰蝮惡蛇也音芳福反解在田儋傳 夏月暑
時歐泄霍亂之病相隨屬也 師古曰泄吐也弋制反屬音之欲反 曾未施
兵接刃死傷者必衆矣前時南海王反陛下先臣
使將軍閒忌將兵擊之 文穎曰先臣淮南厲王長也閒忌人姓名師古曰淮南王傳作簡忌此本

《汉书·严助传》书影

邢港古渡

早在三国时，福州就已成为中国沿海重要的造船中心之一。10 世纪初，闽王王审知在福州开辟甘棠港，为福建海外贸易的全面兴盛创造了良好条件。自五代至北宋，福州的海外航线通畅，海外贸易发达，出现了“百货随潮船入市，万家沽酒户垂帘”的繁荣景象，被诗人苏辙誉为“七闽之冠”。明成化八年（1472）以后，福州正式被朝廷确定为与琉球进行往来的唯一合法口岸，来自琉球的官员、学者，或经福州转道赴北京，或在福州潜心学习中国文化。经由福州，中国传统文化还辐射到日本及东南亚各国。

泉州是古代海上丝绸之路上的重要港埠，是中世纪西方旅行家笔下流光溢彩的“刺桐港”。早在 6 世纪，就已经有泉州与东南亚国家往来的文献记载，到了唐代，更是发展成为我国四大港口之一，“市井十洲人”的诗句就是这一时期泉州港繁盛的最好体现。

五代时，泉州在闽国“招徕海中蛮夷商贾”的国策治理下得到进一步发展，发现于泉州开元寺的五代王继勋陀罗尼石经幢，建造时间为南唐保大四年（946），其铭文中有“军事左押衙充海路都指挥使兼御史大夫陈匡俊”和“榷利院使刘拯”的落款署名，“榷利院”与“海路都指挥使”可能是这一时期管理海外贸易和海上安全的机构和官职名称。

依靠季风航行，泉州港的海外贸易航线，顺着西南季风每年3—4月可航行至东北亚的日本、朝鲜半岛，利用东北季风每年10—11月可下南洋到东南亚、南亚，一直连接到波斯湾、东非沿岸。宋代海外诸国与泉州港进行贸易往来的已升至58个，元代增至98个国家和地区。以今天的地理概念而言，11—14世纪泉州港在海上丝绸之路上最频繁接触和往来的国家，包括今菲律宾、越南、马来西亚、文莱、新加坡、印度尼西亚、缅甸、柬埔寨、泰国、孟加拉国、斯里兰卡、印度、巴基斯坦、阿曼、伊朗、伊拉克、沙特阿拉伯、索马里、肯尼亚、坦桑尼亚、埃及、摩洛哥、韩国、日本等。

王继勋陀罗尼经幢

漳州月港位于今福建省龙海市海澄镇，地处闽南主干河流九龙江下游的入海口，水陆交通便捷，因内接山涧，外通海潮，又以其形如偃月而得名“月港”。明朝长期实行“海禁”政策，福建沿海民众不得不以“走私”的形式冒险出海，月港也由此而悄然发展成为民间海外贸易基地。1567 年，隆庆新政准设月港“洋市”，作为唯一合法港口与东西洋贸易，至此月港获得官府的认可，成为“商贾云集，洋艘停泊”的“闽南一大都会”。从月港出发的海上航线，东达日本，南通菲律宾，西至马六甲，进而与欧洲人开辟的新航路相连接，从而构成了一个完整的环球航线闭环。

漳州月港遗址

第二节 海舟以福建船为上

在人类活动迁移史上，苍茫浩渺的海洋是人类在陆地以外寻求发展的另一个空间，而舟船作为海洋文化的重要载体，则连接起海洋贸易迁徙网络，并与人共同构建起一个流动的海上社会。濒海生民以海为田，浮海为生，船之于沿海船民来说，为其生计之所在。为适应鲸波接天、浩浩无涯的海洋环境，中国航海先民创造了橹、船尾舵、水密隔舱等造船技术，为远洋航行提供了安全可靠的船舶支持，福船即为我国传统海船样式中优良的船型。

从武夷山城村汉城考古遗址出土的斧、锤、刀、钉等工具来看，文献中提到的闽越人“伐材治船”的记载所言不虚。据考古发现及文献记载，闽越人所造船只样式有独木舟、鸼䑼船、戈船、楼船、方舟、艅舟等。《越绝书》中就提到，“越人谓船为须虑”，亦即鸼䑼船，其“船头尾尖高，当中平阔，冲波送浪，都无畏惧”。这种船型也影响到后世福船与广船的修造。此外，同书中还提到“死士八千人，戈船三百艘”，“楼船卒二千八百人，伐松柏以为桴”，“方舟买仪尘者，越人往如江也”。成书于西汉初年的《淮南子》也提到“汤武，圣主也，而不与越人乘艅舟而游于江湖”。

鸼䑼船模型

中国船的发展，其实经历了漫长的过程，就文献记载以及考古发现综合来看，从早期简易的独木舟、竹筏，到日益繁复的木板船，又演变出平底船、尖底船。从古代帆船体系来说，可分为福船、广船、沙船等。如果从船底结构特征来说，中国的海船其实可区分为平底船和尖底船两大类。沙船是平底船的代表，而福船则是尖底船的代表，故有

福船——太平公主号（仿制）

广船——金华兴号（仿制）

“北沙南福”之称。这其实也与船只主要航行海域状况有关，以长江为南北分界：长江口以北多沙岸，船只吃水浅，为便于坐沙，多以平底沙船为主；长江口以南多岩岸垵澳，吃水深，以尖型或圆型船底为主，便于破浪，同时也可提高航行的稳定性，故以尖底福船为多。

沙船模型

三国吴建衡元年（269），东吴政权在福州设立典船校尉督造海船，温麻船屯与当时的浙江横屿、广东番禺并称于世。由于海外贸易的需要，促成了地方造船业的兴盛。有宋一代，今福建沿海的福州、莆田、泉州、漳州都有专门的造船工场。“漳、泉、福、兴化，凡滨海之民所造舟船，乃自备财力，兴贩牟利。”南宋惠安人谢履在《泉南歌》中就写道：“泉州人稠山谷瘠，虽欲就耕无处辟。州南有海浩无穷，每岁造舟通异域。”宋代漕运总管吕颐浩在给宋高宗上的《论舟楫之利》奏折中也做了如下论断：“海舟以福建船为上，广东西船次之，温州明船又次之。”可见福建海船在当时海洋航运中的地位。

谢履《泉南歌》

四海之事力而戶部支費每月不過九十五萬貫（臣是時任太府少卿）紹興三年臣在政府日會計戶部經費每月一百一十萬貫臣閑退以來切料戶部經費必有增添之數（臣嘗考每月支用十分中八分係五半下貴耗）夫養兵二十萬不能北向爭天下則東南民力何可支吾豈不寒心哉况中原之人彊悍壯實東南之人柔脆怯弱數年之後見管戰兵漸次衰老消磨既盡雖欲北向爭天下亦難矣臣冒死為陛下喋喋言之乞賜睿察

論舟楫之利

臣嘗觀鼂錯論兵以謂中國之長技五匈奴之長技三未嘗不數服錯之知兵也以今日論之金人便鞍馬每以奇兵取勝國家駐蹕東南當以舟楫取勝蓋舟楫者非金人之長技乃今日我之長技棄而不用可勝惜哉臣已乞舟師二萬照應北伐之兵矣臣嘗廣行詢問海上北來之人皆云南方木性與水相宜故海舟以福建船為上廣東西船次之溫州明船又次之北方之木與

忠穆集　卷二　十三　宋集珍本叢刊

吕颐浩《论舟楫之利》书影

泉州湾古船陈列馆展示的宋代海船

“福船”是对福建沿海所造远洋木船的统称。这种船船型坚固，适航性和耐波性都很好，这在泉州湾出土的宋代海船的身上已经充分体现出来，其基本特点是：船身高大如楼，底尖面阔，首尾高昂，首尖尾方，船底有粗大的龙骨，船舱是水密隔舱，单层或多层船板结构，并以桐油灰捻缝，造船材料采用本地盛产的杉、松、樟木等耐海水木料。

泉州湾宋代海船出水时，船体上部已无存，残长 24.2 米，残宽 9.15 米，船身扁阔，平面近椭圆形，尾方尖底，多隔舱、多桅杆、多重板的结构，均是宋代福建所造远洋木帆船的主要特征。船侧板用三层木板、底板用两层木板叠合而成。船身分为 13 个隔舱，第一舱和第六舱保存有桅杆座，船尾有舵座，舵杆孔孔径达 38 厘米。主龙骨两端接合处均挖有一个大圆孔和七个小圆孔，状如七星伴月，俗称“保寿孔”，内放置铜镜及宋代铜、铁钱，这也是泉州本地修造木帆船的传统做法。船材多数是杉木，也有少数是樟木、松木。根据出土海船的残体，同时参考宋代有关船舶的文献记载和泉州造船的传统经验进行复原，海船的总长度应为 34.55 米，船宽 11 米，船深 3.27 米，载重量 200 多吨。

1974 年泉州湾宋代海船发掘现场

泉州湾宋代海船龙骨连接处的“保寿孔”

在这艘船两侧的船壳板上，我们可以看到它是多重板鱼鳞搭接结构，即船壳板不是单层的，而是用两层或三层板叠合而成。宽大的船板一片一片被叠合、榫接在一起，船缝则用麻絮、竹茹、桐油灰捣合的舱料填满，并用铁钉钉合。所用的铁钉有方的、圆的、扁的，钉法也各种各样，这样可使整艘船的结构紧密妥贴，密不透水。要知道在那个年代，在东南亚、南亚等许多地方，他们的船还只是用一种植物纤维串起来的“缝合船”，尚不懂使用铁钉。

泉州湾宋代海船多重板结构

泉州湾宋代海船铁锔钉

在《马可·波罗游记》中，也详细描述过福船这种奇特的多重板结构。马可·波罗说这里的海船是用双层板修造的，航行一年以上需要修理时，再覆盖一层板，以后的修理一直加到六层板为止，这艘船就不再使用了，船缝是用麻絮和油灰来填塞的。没想到这一让人难以想象的说法却在700年后被这艘出土海船所证实，这也是中国古代匠师长期修造木帆船实践的经验总结，具有时代的先进性。

泉州湾宋代古船也是我国迄今为止发现的体量最大、年代最早的海船，同时还是目前国内发现由海外返程且已出土的唯一一艘古代海船。不管是在海外贸易史还是古代船舶史上，泉州湾宋代古船都是一个重要的历史坐标。无论是在发掘整理的规范还是船体出水后的技术保护，泉州湾宋代古船都起到了先行示范性作用，并影响着 40 多年来出水沉船的保护与研究。而古船的船体结构，更是揭开了中国古代造船技术的神秘面纱。1984 年，英国著名的科学史专家李约瑟在参观泉州古船之后，就盛赞“这是中国自然科学史上最重要的发现之一！”

1984 年，李约瑟参观泉州湾古船陈列馆

水密隔舱技术是中国古代造船工艺的一项重大发明，它利用水密隔板把船舱分成互不透水的舱室，每个水密舱室由隔舱板、船壳板、水底板、船甲板围成，隔板与船壳用铁勾钉连在一起，并在两旁装置“肋骨”，起到支撑船壳板的作用。此外，又以苎麻、石灰和桐油为原料，按一定比例调和成艌料，嵌塞进船舱木板之间的缝隙中，使其密不透水，这样不仅增加了船体的强度，同时也提高了船只的水密性，而且还便于货物的分舱管理。再则，经由这层层厚实的隔舱板的隔断，并与船壳板紧密钉合，从另一个角度也起到肋骨的作用，使船体更为坚固。这种船体结构将船身分隔成若干舱位，也使船只在航行过程中即使破损一两处也不至于全船进水沉没，提高了船只航行的安全性能。除了靠近船舱底部龙骨的地方留有一个小小的“水眼”外，所有的舱壁都做得非常严密，水密程度非常高，这就是水密隔舱的特点。

泉州湾宋代海船靠近船底板的“水眼”

在中世纪的海上丝绸之路上，各国商船在西太平洋和印度洋上东来西往，乘风破浪，然而一旦发生意外，例如船只触碰礁石或被鲸鱼撞击出现漏洞时，其他国家的船容易进水沉没，唯独中国船还能照样继续航行，直至驶抵岸边再加以修复，这与水密隔舱技术的应用息息相关。中国的船舶最迟在唐代就已经有了这种水密隔舱的设置，到了宋代，它的设计与运用也就更加普遍和成熟。

1982年在泉州法石试掘的南宋古船，也发现其采用了水密隔舱的结构形式。西方对这种技术的运用，则要比中国晚了近五百年。1795年，英国海军总工程师塞缪尔·本瑟姆受英国皇家海军的委托，设计制造了六艘新型船舶，这也是西方第一次将中国发明的水密隔舱技术运用于新型军舰的制造中，现在这种技术仍被广泛应用于现代船舶制造中。

“水密隔舱福船制造技艺”于2008年列入第二批国家级非物质文化遗产保护名录。2010年11月16日，在肯尼亚首都内罗毕举行的联合国教科文组织保护非物质文化遗产政府间委员会第五次会议上，福建省晋江市与宁德市蕉城区联合申报的“中国水密隔舱福船制造技艺”被联合国教科文组织列入《急需保护的非物质文化遗产名录》。

泉州法石南宋古船发掘现场

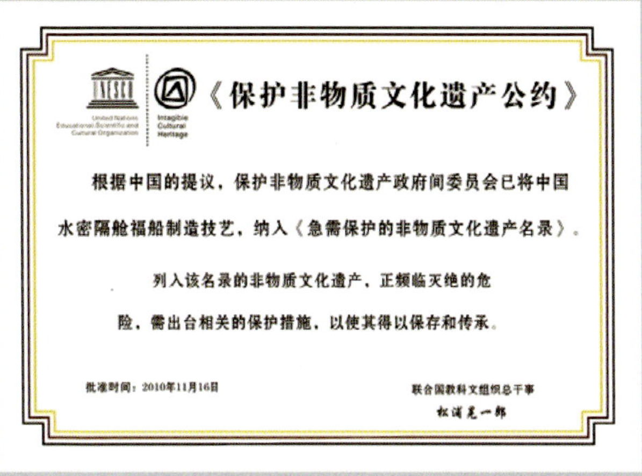

UNESCO

Intangible Cultural Heritage

《保护非物质文化遗产公约》

根据中国的提议，保护非物质文化遗产政府间委员会已将中国水密隔舱福船制造技艺，纳入《急需保护的非物质文化遗产名录》。

列入该名录的非物质文化遗产，正频临灭绝的危险，需出台相关的保护措施，以使其得以保存和传承。

批准时间：2010年11月16日

联合国教科文组织总干事

松浦晃一郎

水密隔舱福船制造技艺列入保护名录的证书

元代，蒙古大军东渡日本，南下占城（今越南古国名），所用战船也多由福建建造。马可·波罗护送阔阔真公主远嫁波斯，其出洋船队据传也是在泉州修造的刺桐海舶。在泉州湾宋代海船出土之前，人们对于《马可·波罗游记》中关于刺桐海舶的描述将信将疑：它也有十三个接合得十分严密的水密隔舱，也有二至三层的船壳板，也使用铁钉并以麻絮和油灰来填塞船缝。古船的出土，无可辩驳地证明水密隔舱技术在宋代海船制造中已被成熟地运用。

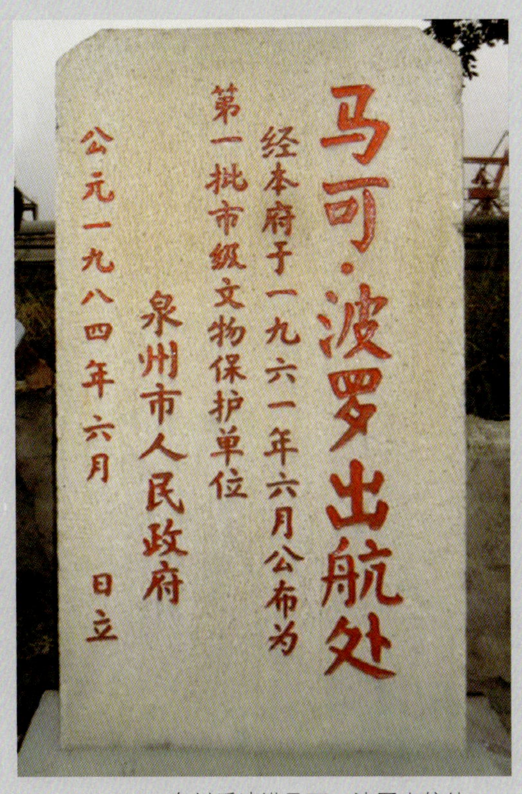

泉州后渚港马可·波罗出航处

根据《马可·波罗游记》描述制作的元代出刺桐海舶模型

一各船捕舵兵夫遇泊船山澳無故不許上山閒遊恐
遇警一時下船不便致有誤事若要取水輪直兵夫
赴中軍船告稟明白方許取水違令上山人拿治不
恕

松海島嶼外洋哨船發火號令
一健跳者北至金齒門南至漁西其信地則青珠山芥
盤山青門黃茅覽
一桃渚者北至牛頭門南至聖塘門其信地則獺鰻山

白達山米篩門
一海門者北至擔門南至三山其信地則擔門山三山
頭
一松門者北至深門南至鹿頭其信地則礁頭山猢猻
尖道士冠山大高城山鹿頭山
一隘頑者北至雞觜南至派爿洋其信地則沙角山靈
門山
一楚門者北至邪山南至茅嶼山其信地則久爿山老

宮前山
一往來巡哨遇有警急各在信地登各相近山上先行
舉放煙火所在兵船瞭見火光煙焰就行開帆望火
前進哨勦聯近烽堠即時按放傳報南北大兵防截
其哨船仍探賊船向往蹤跡親報領哨官以便進上
如火報不爽兵船逗遛誤事罪坐該營領哨官員若
哨船不盡信地止於一處探望或在漁樵船隻人內
取信或到山放火而原積柴草不足火小不能燎遠

致失傳報誤事者該直哨船軍甲俱以軍法斬首

福船說
夫福船高大如城非人力可驅全仗風勢倭舟自來矮
小如我之小蒼船故福船乘風下壓如車碾螳螂鬭
船力而不鬭人力是以每每取勝設使賊船亦如我
福船大則吾未見其必濟之策也但吃水一丈一二
尺惟利大洋不然多膠於淺無風不可使是以賊舟
一入裏海沿淺而行則福舟為無用矣故又有海滄

戚继光《纪效新书》关于福船的记载

明代，“福船”称谓正式出现。戚继光《纪效新书》就提到：“夫福船高大如城，非人力可驱，全仗风势。倭舟自来矮小，如我之小苍船。故福船乘风下压，如车碾螳螂。斗船力而不斗人力，是以每每取胜。设使贼船亦如我福船大，则吾未见其必济之策也。但吃水一丈一二尺，惟利大洋。不然多胶于浅，无风不可使，是以贼舟一入里海，沿浅而行，则福舟为无用矣。”与之同时代的俞大猷在《正气堂集》中也有关于福船修造用料及比例的记述。正是福船的优良性能，所以在明清两代，不论是水师战船还是出国使船，均以福船为首选。郑和下西洋的船队驶向西洋各国，途经太平洋、印度洋，还去到波斯湾和东非沿岸等深水海域，他们所乘的便是福船。《明实录》中也记载永乐元年五月辛巳“命福建都司造海船一百三十七艘”，永乐二年正月癸亥“将遣使西洋诸国，命福建造船五艘”。

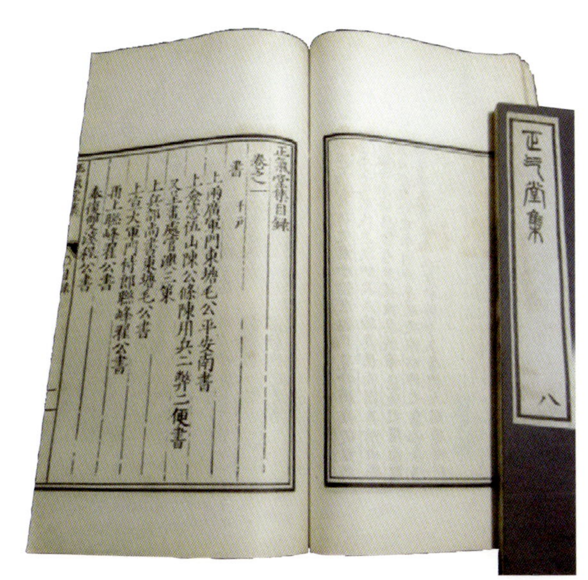
正氣堂集目錄
卷之一
書
上兩廣軍門東塘毛公平安南書
上[illegible]陳公條陳用兵二弊二便書
又上書[illegible]三策
上兵部[illegible]東塘毛公書
上大軍門[illegible]總峰翟公書
再上總峰翟公書
[illegible]公書

俞大猷《正气堂集》书影

郑和船队模型

在日本平户松浦史料博物馆中，珍藏着一幅成画于18世纪上半叶的《唐船图》，内绘制有南京船一、宁波船二、福州造南京出船一、台湾船一、广东船一、福州造广东出船一、广南船一、厦门船一、暹罗船一、咬??吧发船一、阿兰陀船一。其中福州造南京出船、福州造广东出船、厦门船与台湾船，船型颇为相近，可见当时福船之形态。

福州造南京出船

福州造广东出船

台湾船

表ゟ四間四寸

厦門船

厦门船

造船工具：刨刀

造船工具：锄斧

造船工具：锤子

造船工具：斧头

福建地区在修造船只之前，要先根据船的载重量，按传统法式来计算龙骨的长度，然后进行备料。安装龙骨可是件大事，必须举行隆重的庆典仪式。到了事先择定的吉日良辰，要备办各种供品，由造船师主祭，并将镜子、铜钱、五谷之类的吉祥物放进龙骨的接合处。主祭人抛撒五谷与铜钱，手拿芙蓉枝拈水挥洒，大声呼叫："天下龙门天门开，鲁班先生降下来。"

龙骨造好后，接下来的重要工序是装配隔舱板。根据船板弯曲的需要情况先确定间隔距离，然后装上一根根弯曲的木条，钉上船尾板、船头板和船壳板，再装配上一条条肋骨。然后是装拼甲板。这样一来，就组成了一个坚固的船体结构。

填麻刮缝是必不可少的步骤。在船体的各个部位，只要有夹缝的地方都要用麻絮填塞，用桐油灰刮缝。之后还要用火先烧烤一下木船的表皮再上漆。这样一艘新船就建造完成了。

2000年前后，泉州海边还能看到修造传统木帆船的现场实景。泉州地方常见的造船工具包括：斧头、锄斧、刨刀、凿子、软尺、锯锉、旋钻、灰凿、打凿、挖凿、竹灰匙、刷子等。随着传统木帆船退出历史舞台，现在整套的造船工具也就不太常见了。

造船工具：锯锉

造船工具：锯子

造船工具：墨斗

造船工具：旋钻

造船工具：凿子

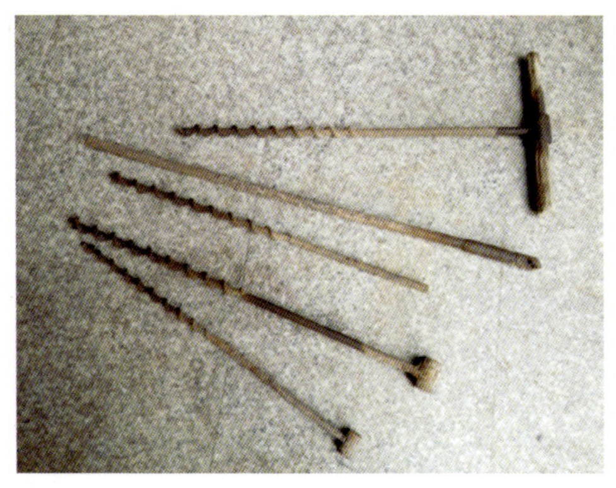
造船工具：钻子

第三节 福建往波斯、阿拉伯世界的航路

福建与波斯、阿拉伯世界的往来，有史可征在唐代即已开始。中国的瓷器、丝绸、茶叶，东南亚的香料、珠宝，非洲的宝石、象牙等，通过海上丝绸之路被输送到世界各地，促进了不同地区人群的往来与文化的碰撞交融。

早在唐文宗太和八年（834），就有为招徕大食等国商人来华，专门下过告谕，并提到“南海蕃舶，本以慕化而来，固在接以仁恩，使其感悦。其岭南、福建及扬州蕃客，

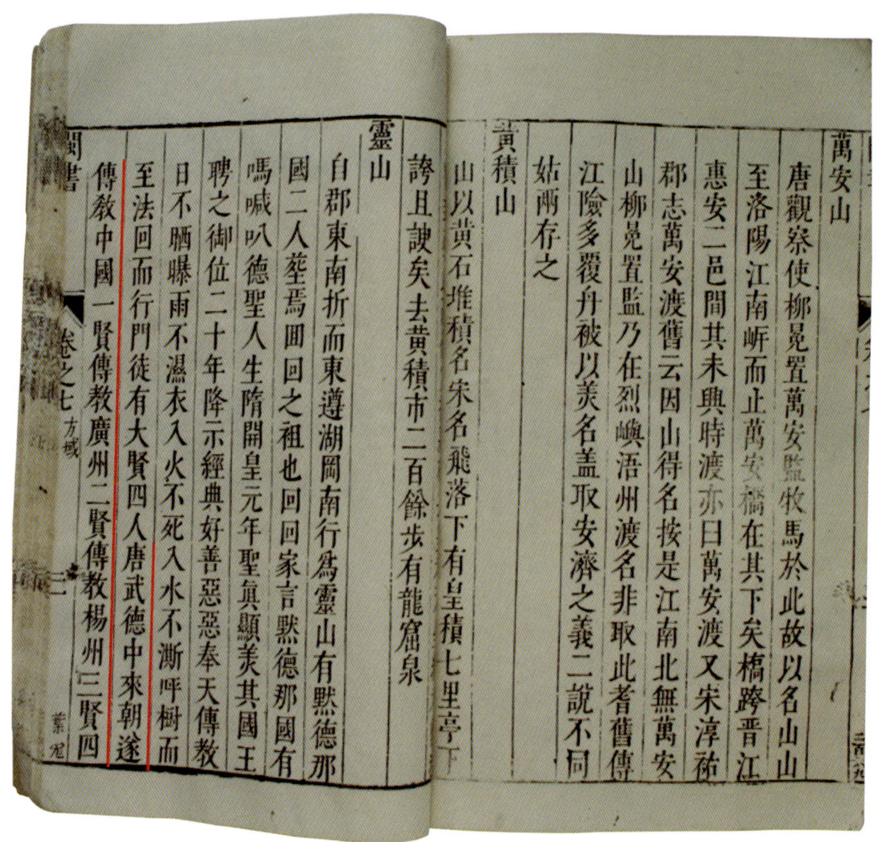

萬安山

唐觀察使柳冕置萬安監牧馬於此故以名山山至洛陽江南峤而止萬安橋在其下矣橋跨晋江惠安二邑間其未興時渡亦曰萬安渡又宋淳祐郡志萬安渡舊云因山得名按是江南北無萬安山柳冕置監乃在烈嶼浯州渡名非取此者舊傳江險多覆舟被以美名盖取安濟之義二說不同姑兩存之

黄積山

山以黄石堆積名宋名飛落下有皇積七里亭下誇且諛矣去黄積市二百餘步有龍窟泉

靈山

自郡東南折而東遵湖岡南行爲靈山有默德那國二人葬焉回回之祖也回回家言默德那國有嗎喊叭德聖人生隋開皇元年聖真顯美其國王聘之御位二十年降示經典好善惡惡奉天傳教日不晒曝雨不濕衣入火不死入水不漸呼樹而至法回而行門徒有大賢四人唐武德中來朝遂傳教中國一賢傳教廣州二賢傳教揚州三賢四

閩書 卷之七 方域

《闽书》“灵山”条（一）

宜委节度观察使常加存问，除舶脚收市进奉外，任其来往通流，自为交易，不得重加率税”。在何乔远所撰《闽书》“灵山”条中，更提到穆罕默德有门徒四人，于“唐武德中来朝，遂传教中国，一贤传教广州，二贤传教扬州，三贤、四贤传教泉州”。其中三贤、四贤在去世后就直接葬在泉州灵山，传说“是山夜光显发，人异而灵之，名曰圣墓，曰西方圣人之墓也”。

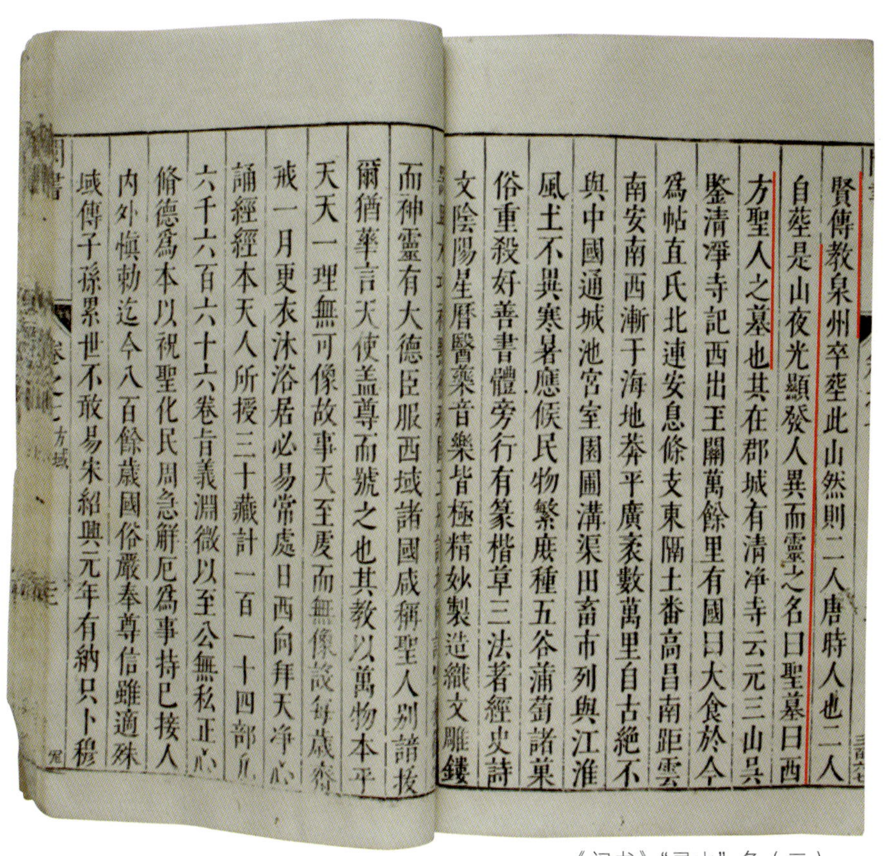
賢傳教泉州卒葬此山然則二人唐時人也二人
自葬是山夜光顯發人異而靈之名曰聖墓曰西
方聖人之墓也其在郡城有清淨寺云元三山吳
鑒清淨寺記西出王關萬餘里有國曰大食於今
爲帖直氏北連安息條支東隔土番高昌南距雲
南安南西漸于海地莽平廣袤數萬里自古絕不
與中國通城池宮室園圃溝渠田畜市列與江淮
風土不異寒暑應候民物繁庶種五谷蒲萄諸菓
俗重殺好善書體旁行有篆楷草三法著經史詩
文陰陽星曆醫藥音樂皆極精妙製造織文雕鏤
而神靈有大德臣服西域諸國咸稱聖人別諳拔
爾猶華言天使蓋尊而號之也其教以萬物本乎
天天一理無可像故事天至虔而無像設每歲齋
戒一月更衣沐浴居必易常處日西向拜天淨心
誦經經本天人所授三十藏計一百一十四部凡
六千六百六十六卷旨義淵微以至公無私正心
脩德爲本以祝聖化民周急解厄爲事持己接人
內外愼勅迄今八百餘歲國俗嚴奉尊信雖適殊
域傳子孫累世不敢易宋紹興元年有納只卜穆

《闽书》“灵山”条（二）

有着波斯血统的黑衣大食地理学家伊本·胡尔达兹比赫，曾担任过阿拔斯王朝杰贝勒省的邮政、情报长官，是哈里发穆尔台米德的挚友，他写的《道里邦国志》详细记述了亚、非、欧三大洲西起法兰西、西班牙，东至中国、新罗、倭国、麻逸，北及罗斯，南达印度洋诸岛国的民间风俗、宗教文化、历史遗迹、经济特产及各国之间的路程，为我们描绘出一幅 9 世纪时的国际贸易路线图景。在“拉赞尼亚犹太商人的商道”一节中有如下记述：“操着阿拉伯语、波斯语、罗马语、法兰克语、安达卢西亚语、斯拉夫语的商人经陆路和海路，从东方行至西方，又从西方行至东方。他们从西方贩来奴隶、婢女、娈童、绸缎、毛皮、皮革、黑貂、宝剑等，从西海中的凡哈出航，取道凡莱玛，再负载着商品到红海……再从红海出发航行在东海上，抵达伽尔和吉达，再至信德、印度、中国。然后，他们从中国携带着麝香、沉香、樟脑、肉桂及其他各地的商货返回红海，再将货物运至凡莱玛，再航行于西海中。……再从武步拉启航，陆续至阿曼、信德、印度及中国。所有这些道路都是彼此相通的。”

《道里邦国志》中译本书影

五代闽国在王氏的治理下，推行“招徕海中蛮夷商贾”的国策。王审知开辟甘棠港，使福州在海外贸易中日渐兴盛。泉州也在“招宝侍郎”王延彬“多发蕃舶以资公用”的海外贸易政策推动下，开启了海上的“泉州时代”。南唐留从效拓建罗城，“重加版筑，旁植刺桐环绕”。自五代开始，泉州海外贸易日益繁盛，那些来泉州做生意的异国商贾对这种火红的植物印象尤深，并将之记录在他们的游记中，这也使“刺桐（Zayton）”一词成为泉州在遥远的阿拉伯帝国和欧洲的代名词，成为后来指代泉州的别称。

王审知画像

泉州开闽三王祠

許天正 有傳

五代刺史

王延鈞 後唐天成元年以節度行軍司馬檢校太傅權刺史事

王延彬 元年十二月再任前後共二十六年　王繼崇 延彬子長興元年權州事

王延美 應順閩任　王延武 應順閩任通文元年移建州

余廷英 清泰閩任泉民家子　李仁遇 天福閩任

王繼嚴 天福閩權州事　王繼業 天福閩任尋移建州

余廷英 天福閩以太尉平章事行泉州刺史事再任

王繼勳 審邽孫閩通閩任○以上皆閩王氏所授刺史

泉州府志 卷之二十六 文職官上 五

黃紹頗 晉天福末朱文進所署從留從効傳錄出

宋閩晝初設節度使太平興國以後俱知州事大觀元年陞為望郡宋史百官志望州入閩通志云本上郡大觀元年陞為望郡知州事一員通判軍州事一員簽書判官廳公事一員節度掌書記一員觀察支使一員節度推官一員觀察推官一員諸曹錄事參軍一員司戶參軍一員司法參軍一員司理參軍一員州學教授一員監在城稅務文武各一員

宋諸司 附置泉州者

清乾隆《泉州府志》所載王氏历任泉州刺史表

五代“永隆通宝”钱范考古现场

由于港口城市经济地位的提升，交易的便捷，泉州成为五代闽国的经济重镇，被指定为铸币基地。在泉州承天寺内，发现了闽国时期的铸钱遗址，出土了大量的“永隆通宝”钱范，这也是中国迄今为止唯一发现的五代十国时期的钱范，填补了中国铸币史的一项空白。

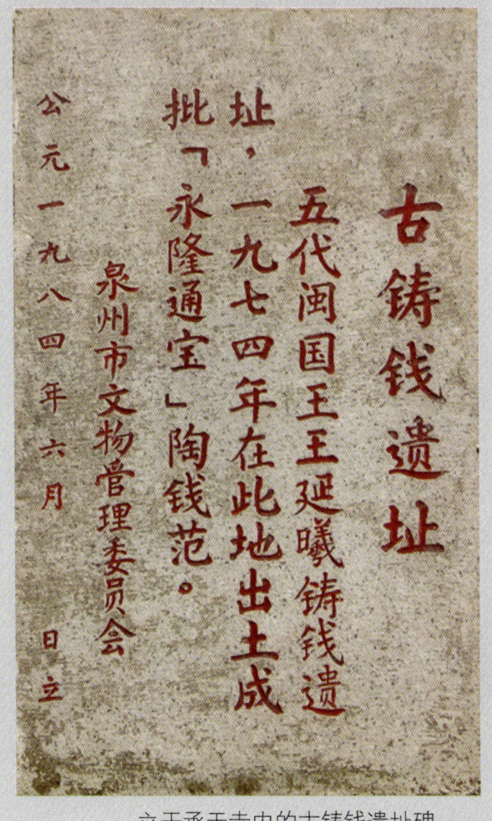

立于承天寺内的古铸钱遗址碑

泉州承天寺出土的“永隆通宝”钱范

刘华墓出土波斯孔雀绿釉陶瓶

1965年2月，当时的福建省博物馆在今福州市北郊新店莲花峰发掘了五代十国时期割据福建的闽国第三主王延钧妻刘华墓。在出土文物中，放置于墓葬前室的三件孔雀绿釉陶瓶，无论是器形、纹饰还是釉色都很特别，经学者研究，这三件孔雀绿釉陶瓶非中国本土生产，瓶子表面所施一种间于蓝、绿色之间的釉色，被称为"孔雀绿釉"，是一种以铜元素为着色剂的低温彩釉，这种釉陶器起源于古波斯地区。这三件孔雀绿釉陶瓶的器形、纹饰均显示出来自西亚、中亚的独特风格，是经由海上丝绸之路传入的，这也成为中古时期福建与波斯地区海路贸易往来的实物见证。

进入宋朝，随着全国经济中心的南移，福建地区的海上贸易也迎来了辉煌时期。尤其是宋室南迁与泉州市舶司的设立，更是极大地推动了泉州的海外贸易。泉州在这一时期以“Zayton”之名风靡世界，成为与近百个国家和地区有贸易来往的东方大港。也正是在这一时期，海上商民开辟了多条泉州通往异国邻邦的海上贸易航线。南宋吴自牧在《梦粱录》中就提到：“若欲船泛外国买卖，则是泉州便可出洋。……若有出洋，即从泉州港口至岱屿门，便可放洋过海，泛往外国也。”

《梦粱录》书影（一）

浙江乃通江渡海之津道且如海商之艦大小不等大
者五千料可載五六百人中等二千料至一千料亦可
載二三百人餘者謂之鑽風大小八櫓或六櫓每船可
載百餘人此網魚買賣亦有名三板船不論此等船且
論舶商之船自入海門便是海洋茫無畔岸其勢誠險
蓋神龍怪蜃之所宅風雨晦冥時惟憑針盤而行乃火
長掌之毫釐不敢差誤蓋一舟人命所繫也愚屢見大
商賈人言此甚詳悉若欲船泛外國買賣則是泉州便
可出洋迤邐過七洲洋舟中測水約有七十餘丈若經

有山之水碧而綠傍山之水渾而白矣有魚所聚必多
礁石蓋石中多藻苔則魚所依耳每月十四二十八日
謂之大等日分此兩日若風雨不當則知一旬之內多
有風雨凡測水之時必視其底知是何等沙泥所以知
近山有港若商賈止到台溫泉福買賣未嘗過七洲崑
崙等大洋若有出洋即從泉州港口至岱嶼門便可放
洋過海泛往外國也其浙江船隻雖海艦多有往來則
嚴婺衢徽等船多嘗通津買賣往來謂之長船等隻如
杭城柴炭木植柑橘乾濕果子等物多產於此數州耳

《梦梁录》书影（二）

赵汝适（1170—1231），字伯可，宋嘉定十七年（1224）九月提举福建路市舶司，宝庆元年（1225）七月兼权泉州市舶使。赵汝适任泉州市舶司提举期间，因暇得以遍览番图，撰有《诸蕃志》一书。书中记录下多条以泉州为起点，通往南洋、西洋、东洋诸国的航线，其中通往阿拉伯半岛及非洲地区的航路如下。

泉州至印度蓝无里、故临及阿拉伯半岛的航路：自泉州港放洋，经三佛齐，穿过马六甲海峡，沿孟加拉海岸，航抵故临。泉舶 40 余日可到蓝无里，必须过冬后，等南风到来时才能越过印度洋进入波斯湾，驶抵波斯和阿拉伯地区。

泉州至亚丁湾和东非弼琶罗（今索马里）、层拔（今桑给巴尔）的航路：从泉州港出航，经南海、三佛齐、故临至波斯湾，再由波斯湾沿阿拉伯海岸西南行，即可到达弼琶罗、层拔等地。单程顺风需 160 天，往返一趟大概需要两年时间。

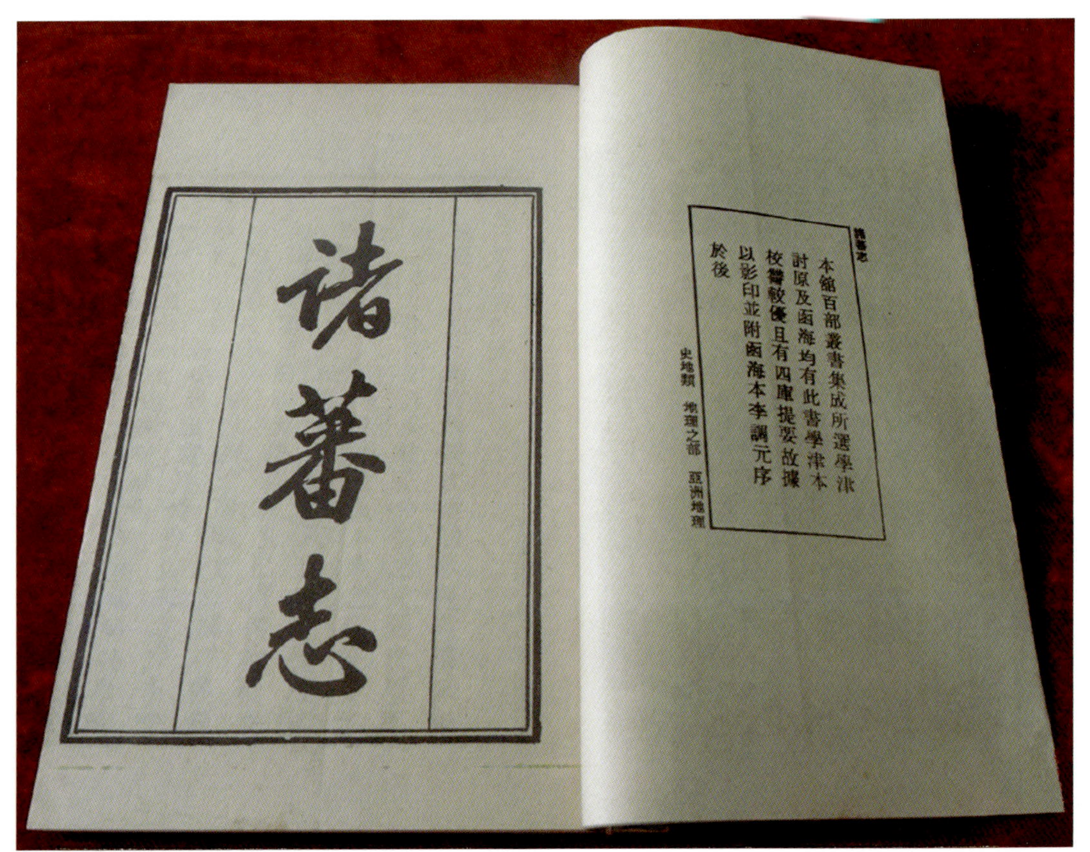

《诸蕃志》书影

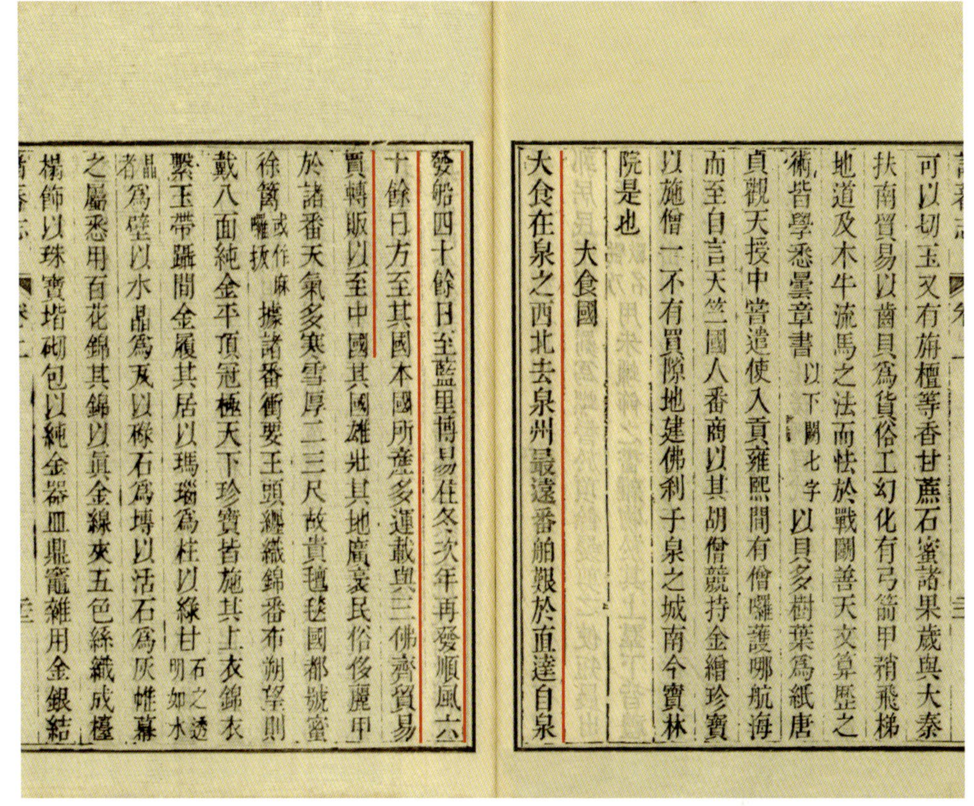
諸蕃志　卷上　三

可以切玉又有旃檀等香甘蔗石蜜諸果蓏與大秦
扶南貿易以齒貝爲貨俗工幻化有弓箭甲䂬飛梯
地道及木牛流馬之法而怯於戰鬭善天文算歷之
術皆學悉曇章書 以下闕七字 以貝多樹葉爲紙唐
貞觀天授中嘗遣使入貢雍熙間有僧囉護哪航海
而至自言天竺國人番商以其胡僧競持金繒珍寶
以施僧一不有買隙地建佛刹于泉之城南今寶林
院是也

大食國

大食在泉之西北去泉州最遠番舶艱於直達自泉
發船四十餘日至藍里博易住冬次年再發順風六
十餘日方至其國本國所產多運載與三佛齊貿易
賈轉販以至中國其國雄壯其地廣袤民俗侈麗甲
於諸番天氣多寒雪厚二三尺故貴氊毯國都號蜜
徐籬 或作麻囉拔 據諸番衝要王頭纏織錦番布朔望則
戴八面純金平頂冠極天下珍寶皆施其上衣錦衣
繫玉帶躡間金履其居以瑪瑙爲柱以綠甘 石之透明如水
晶者 爲壁以水晶爲瓦以碌石爲塼以活石爲灰帷幕
之屬悉用百花錦其錦以眞金線夾五色絲織成檯
榻飾以珠寶堦砌包以純金器皿鼎鼐雜用金銀結

諸蕃志　卷上　三

《诸蕃志》关于大食国的记载（一）

《诸蕃志》记大食国“在泉之西北，去泉州最远，番舶艰于直达。自泉发船四十余日，至蓝里博易住冬，次年再发，顺风六十余日方至其国”。其土地所出有：“真珠、象牙、犀角、乳香、龙涎、木香、丁香、肉豆蔻、安息香、芦荟、没药、血碣、阿魏、腽肭脐、鹏砂、琉璃、玻璃、砗磲、珊瑚树、猫儿睛、栀子花、蔷薇水、没石子、黄蜡、织金、软锦、驼毛、布兜、罗绵、异缎等。”其国风俗为“王与官民皆事天。有佛名麻霞勿。七日一削发剪甲，岁首清斋，念经一月。每日五次拜天”。“唐永徽以后，屡来朝贡。其王盆尼末换之前，谓之白衣大食。阿婆罗拔之后，谓之黑衣大食。”关于阿拉伯商人来华情况，书中说：“元祐、开禧间，各遣使入贡。有番商曰施那帏，大食人也。侨寓泉南，轻财乐施，有西土气习，作丛冢于城外之东南隅，以掩胡贾之遗骸。”这些内容对研究中国与阿拉伯地区的关系史及福建回族史具有重要的价值。

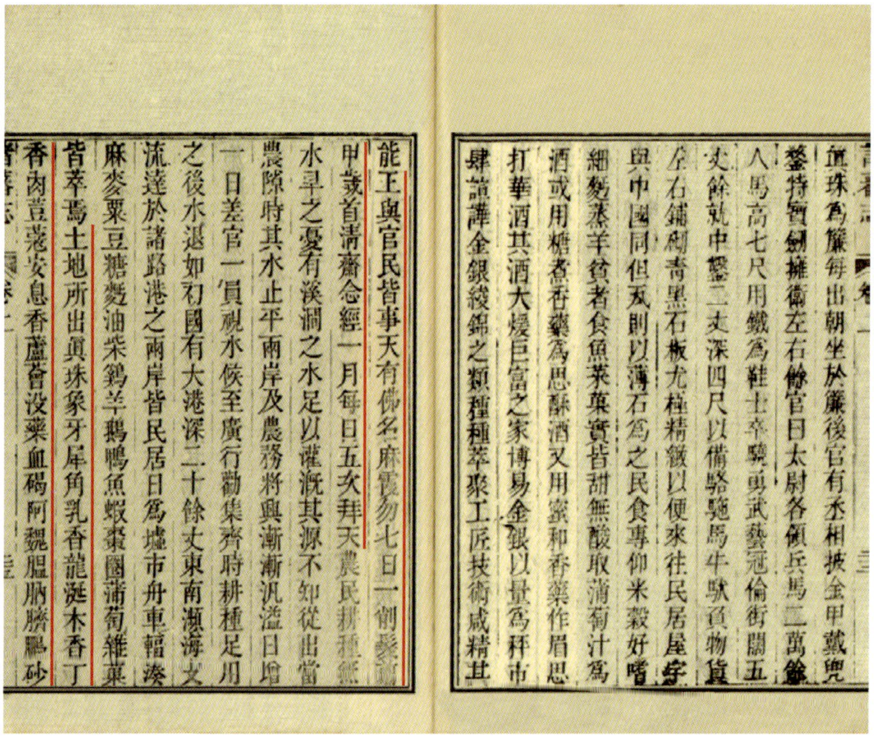

眞珠爲簾每出朝坐於簾後官有丞相披金甲戴兜
鍪持寶劍擁衛左右餘官曰太尉各領兵馬二萬餘
人馬高七尺用鐵爲鞋士卒驍勇武藝冠倫街闊五
丈餘就中鑿二丈深四尺以備駱駝馬牛馱負物貨
左右鋪砌靑黑石板尤極精緻以便來往民居屋宇
與中國同但瓦則以薄石爲之民食專仰米穀好嗜
細麪蒸羊貧者食魚菜菓實皆甜無酸取蒲萄汁爲
酒或用糖煮香藥爲思酥酒又用蜜和香藥作眉思
打華酒其酒大煖巨富之家博易金銀以量爲秤市
肆諠譁金銀綾錦之類種種萃聚工匠技術咸精其

能王與官民皆事天有佛名麻霞勿七日一削髮翦
甲歲首清齋念經一月每日五次拜天農民耕種無
水旱之憂有溪澗之水足以灌溉其源不知從出當
農隙時其水止平兩岸及農務將興漸漸汎溢日增
一日差官一員視水候至廣行勸集齊時耕種足用
之後水退如初國有大港深二十餘丈東南瀕海支
流達於諸路港之兩岸皆民居日爲墟市舟車輻湊
麻麥粟豆糖麪油柴雞羊鵝鴨魚蝦棗圈蒲萄雜菓
皆萃焉土地所出眞珠象牙犀角乳香龍涎木香丁
香肉荳蔻安息香蘆薈沒藥血碣阿魏腽肭臍鵬砂

《诸蕃志》关于大食国的记载（二）

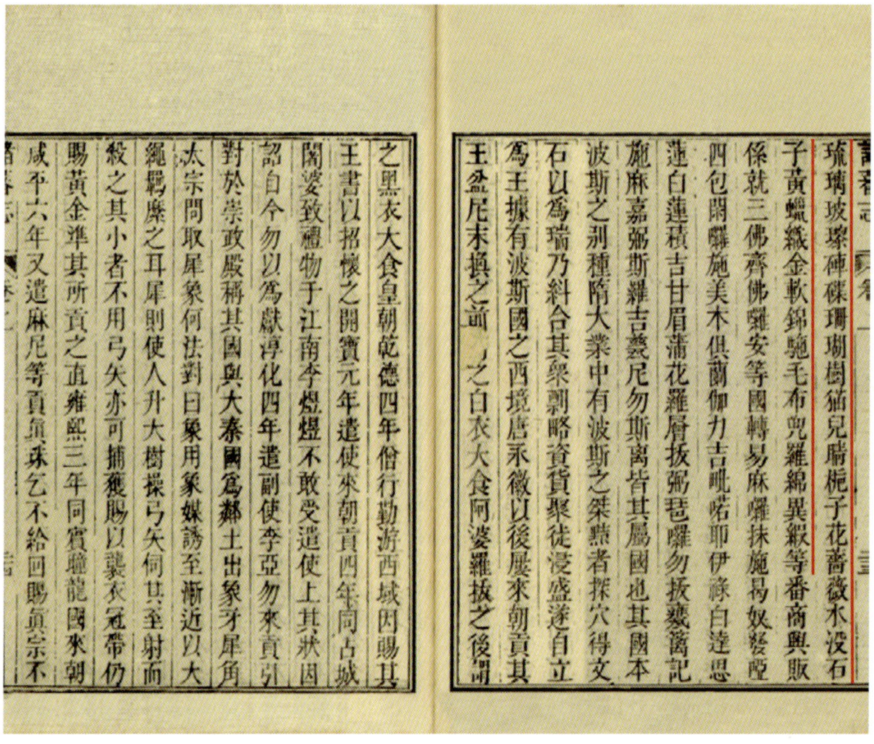

琉璃玻瓈硨磲珊瑚樹猫兒睛梔子花薔薇水沒石
子黃蠟織金軟錦駝毛布兜羅綿異緞等番商興販
係就三佛齊佛囉安等國轉易麻囉抹施曷奴發啞
四包閑囉施美木俱蘭伽力吉毗喏耶伊祿白達思
蓮白蓮積吉甘眉蒲花羅層拔弼琶囉勿拔瓮蠻記
施麻嘉弼斯囉吉慈尼勿斯離皆其屬國也其國本
波斯之別種隋大業中有波斯之桀黠者探穴得文
石以爲瑞乃糾合其衆剽略資貨聚徒浸盛遂自立
爲王據有波斯國之西境唐永徽以後屢來朝貢其
王盆尼末換之前 之白衣大食阿婆羅拔之後謂

之黑衣大食皇朝乾德四年僧行勤游西域因賜其
王書以招懷之開寶元年遣使來朝貢四年同占城
闍婆致禮物于江南李煜煜不敢受遣使上其狀因
詔自今勿以爲獻淳化四年遣副使李亞勿來貢引
對於崇政殿稱其國與大秦國爲鄰土出象牙犀角
太宗問取犀象何法對曰象用象媒誘至漸近以大
繩羈縻之耳犀則使人升大樹操弓矢伺其至射而
殺之其小者不用弓矢亦可捕獲賜以襲衣冠帶仍
賜黃金準其所貢之直雍熙三年同賓瞳龍國來朝
咸平六年又遣麻尼等貢眞珠乞不給回賜眞宗不

《诸蕃志》关于大食国的记载（三）

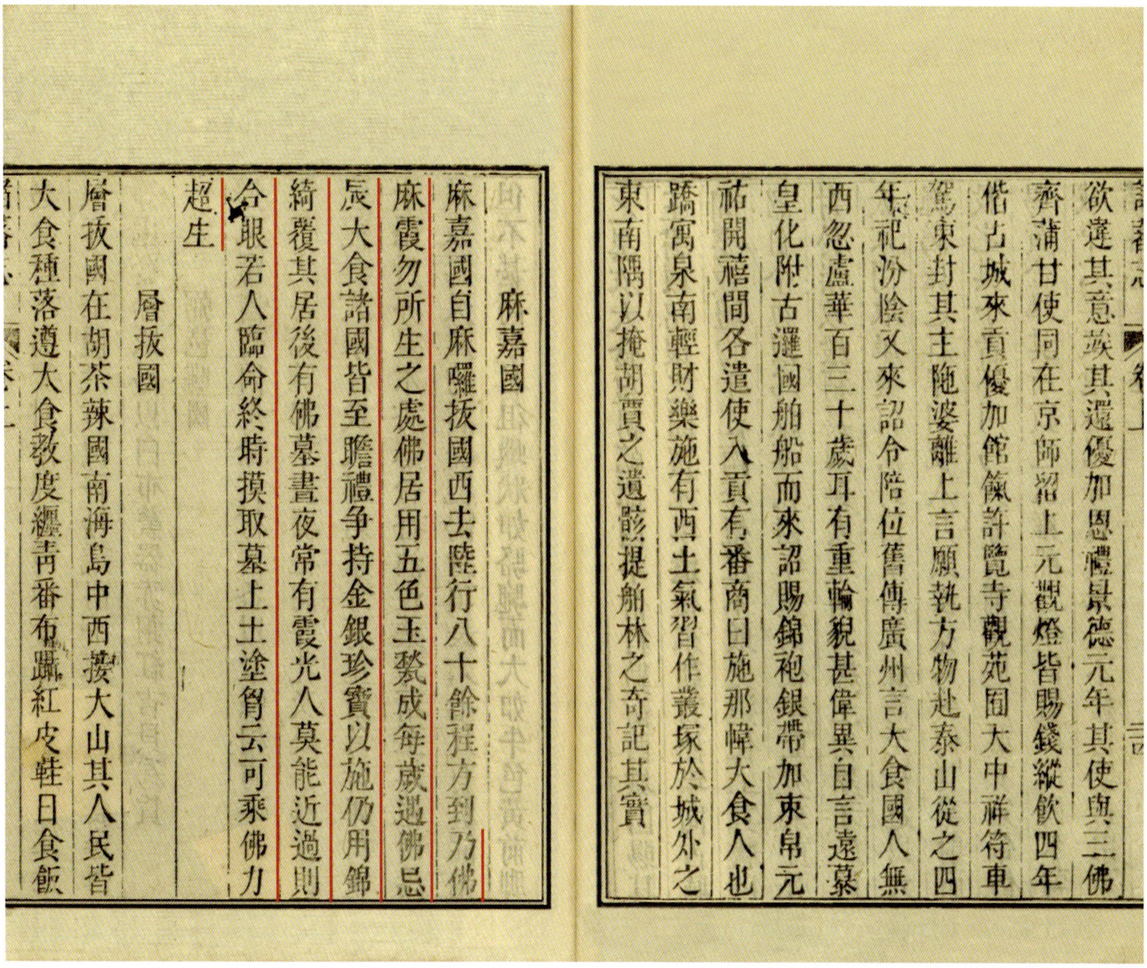

欲達其意蕃其還優加恩禮景德元年其使與三佛
齊蒲甘使同在京師留上元觀燈皆賜錢縱飲四年
偕占城來貢優加館餼許覽寺觀苑囿大中祥符車
駕東封其主陁婆離上言願執方物赴泰山從之四
年祀汾陰又來詔令陪位舊傳廣州言大食國人無
西忽盧華百三十歳耳有重輪貌甚偉異自言遠慕
皇化附古邏國舶船而來詔賜錦袍銀帶加束帛元
祐開禧間各遣使入貢有番商曰施那幃大食人也
蹻寓泉南輕財樂施有西土氣習作叢冢於城外之
東南隅以掩胡賈之遺骸提舶林之奇記其實

麻嘉國

麻嘉國自麻囉拔國西去陸行八十餘程方到乃佛
麻霞勿所生之處佛居用五色玉甃成每歳遇佛忌
辰大食諸國皆至瞻禮爭持金銀珍寶以施仍用錦
綺覆其居後有佛墓晝夜常有霞光人莫能近過則
合眼若人臨命終時摸取墓上土塗胸云可乘佛力
超生

層拔國

層拔國在胡茶辣國南海島中西接大山其人民皆
大食種落遵大食教度纒青番布躡紅皮鞋日食飯

《诸蕃志》关于麻嘉国的记载

麻嘉国，即今沙特阿拉伯西部麦加，为伊斯兰教创始人穆罕默德出生地，这里曾是古代红海东岸的重要商业地区之一，《岛夷志略》将此地译作“天堂”，《瀛涯胜览》和《星槎胜览》则译为“天方国”或“默伽国”，《诸蕃志》称此地“乃佛麻霞勿所生之处。佛居，用五色玉甃成。每岁遇佛忌辰，大食诸国皆至瞻礼，争持金银珍宝以施，仍用锦绮覆其居。后有佛墓，昼夜常有霞光，人莫能近，过则合眼。若人临命终时，摸取墓上土涂胸，云可乘佛力超生”。这段文字提到的“佛麻霞勿”并不是指佛教佛，而是伊斯兰教的“佛”，亦即穆罕默德。在麦加还建有克尔白圣寺，寺壁有黑陨石，为穆斯林朝拜中心。

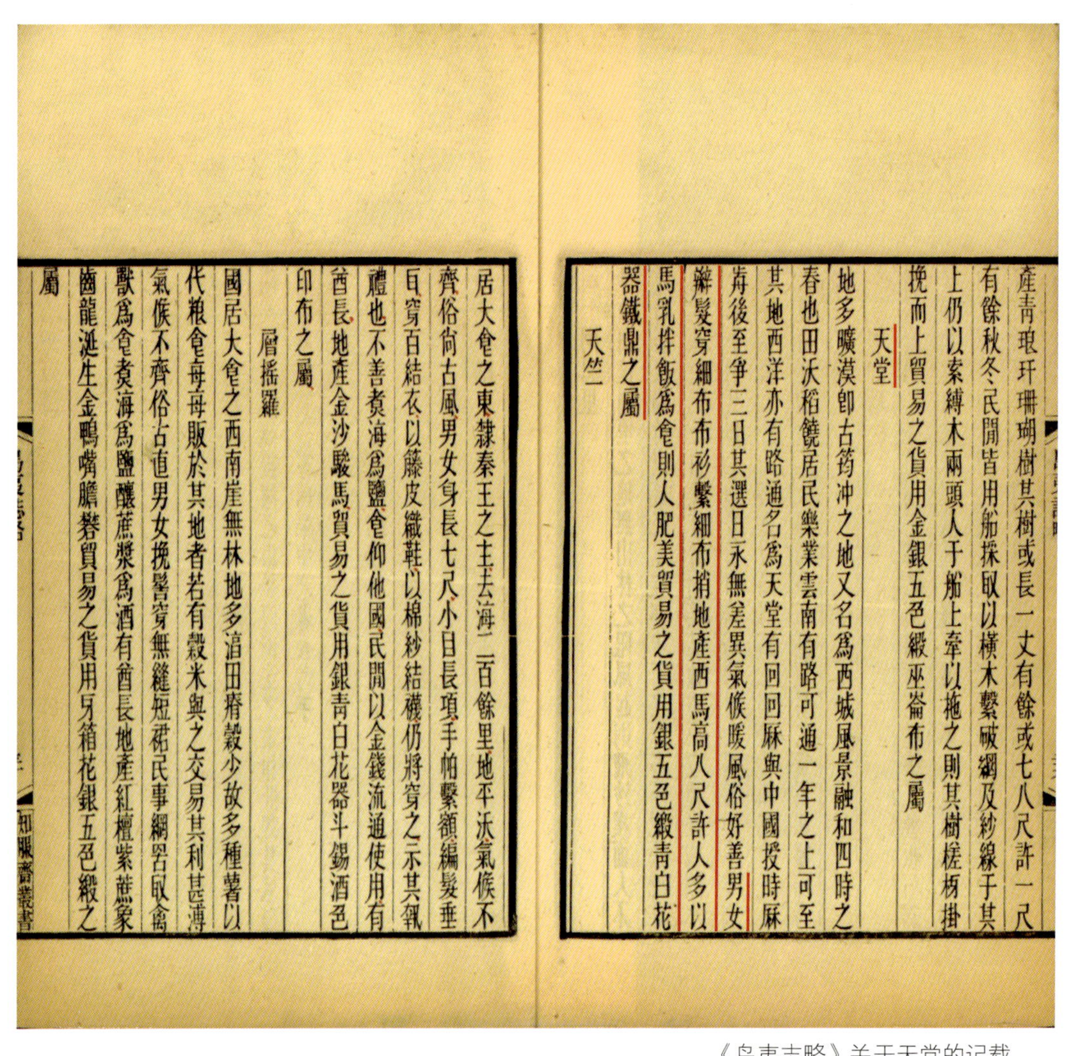

産青琅玕珊瑚樹其樹或長一丈有餘或七八尺許一尺
有餘秋冬民間皆用船採取以横木繫破網及紗線于其
上仍以索縛木兩頭人于船上牽以拖之則其樹槎枒掛
挽而上貿易之貨用金銀五色緞巫崙布之屬

天堂

地多曠漠卽古筠冲之地又名爲西域風景融和四時之
春也田沃稻饒居民樂業雲南有路可通一年之上可至
其地西洋亦有路通名爲天堂有回回厤與中國授時厤
前後至爭三日其選日永無差異氣候暖風俗好善男女
辮髮穿細布布衫繫細布梢地產西馬高八尺許人多以
馬乳拌飯爲食則人肥美貿易之貨用銀五色緞青白花
器鐵鼎之屬

天竺

居大食之東隸秦王之主去海二百餘里地平沃氣候不
齊俗尚古風男女身長七尺小目長項手帕繫額編髮垂
耳穿百結衣以藤皮織鞋以棉紗結襪仍將穿之示其執
禮也不善者煮海爲鹽食仰他國民間以金錢流通使用有
酋長地產金沙駿馬貿易之貨用銀青白花器斗錫酒色
印布之屬

層搖羅

國居大食之西南崖無林地多淯田瘠穀少故多種薯以
代粮食每每販於其地者若有穀米與之交易其利甚溥
氣候不齊俗古直男女挽髻穿無縫短裙民事網罟取禽
獸爲食煮海爲鹽釀蔗漿爲酒有酋長地產紅檀紫蔗象
齒龍涎生金鴨嘴膽礬貿易之貨用牙箱花銀五色緞之
屬

知服齋叢書

《岛夷志略》关于天堂的记载

在汪大渊的《岛夷志略》中还提到该地奉行伊斯兰教历，与当时中国所行授时历前后只相差三日而已。关于这里的习尚物产，是这样记载的：“男女辫发，穿细布布衫，系细布捎。地产西马，高八尺许。人多以马乳拌饭为食，则人肥美。贸易之货，用银、五色缎、青白花器、铁鼎之属。”古代中国所制青花瓷器正是经海路由东向西源源不断贩往这里。

“泉，七闽之都会也。番货远物、异宝珍玩之所渊薮，殊方别域富商巨贾之所窟宅，号为天下最。”这是元代著名学者吴澄对当时泉州港盛况的精彩描述。元代的泉州港，已然成为东方第一大港，并与埃及的亚历山大港齐名。也正是这一时期，被西方学者称为“东方马可·波罗”的汪大渊两次从泉州出发，远航东、西洋。他首次从泉州港搭乘商船出海远航的时间是在至顺元年（1330），当时他才20岁。这次航行历经海南岛、占城、马六甲、爪哇、苏门答腊、缅甸、印度、波斯、阿拉伯、埃及，横渡地中海到摩洛哥，再回到埃及，出红海抵达索马里、莫桑比克，横渡印度洋回到斯里兰卡、苏门答腊、爪哇，经澳大利亚到加里曼丹，又经菲律宾群岛，一直到元统二年（1334）夏秋间才返回泉州，历时五年。至元三年（1337），汪大渊第二次从泉州出航，历经南洋群岛、印度洋、阿拉伯海、波斯湾、红海、地中海、非洲的莫桑比克海峡及澳大利亚各地，于至元五年（1339）返回泉州。

汪大渊这两次随船出洋的游历，为其后来整理撰写《岛夷志略》提供了翔实可靠的原始素材。正如张翥在其序言中写到的：“汪君焕章当冠年，尝两附舶东西洋，所遇辄采录其山川、风土、物产之诡异，居室、饮食、衣服之好尚，与夫贸易赍用之所宜，非亲见不书，则庶乎其可征也。”

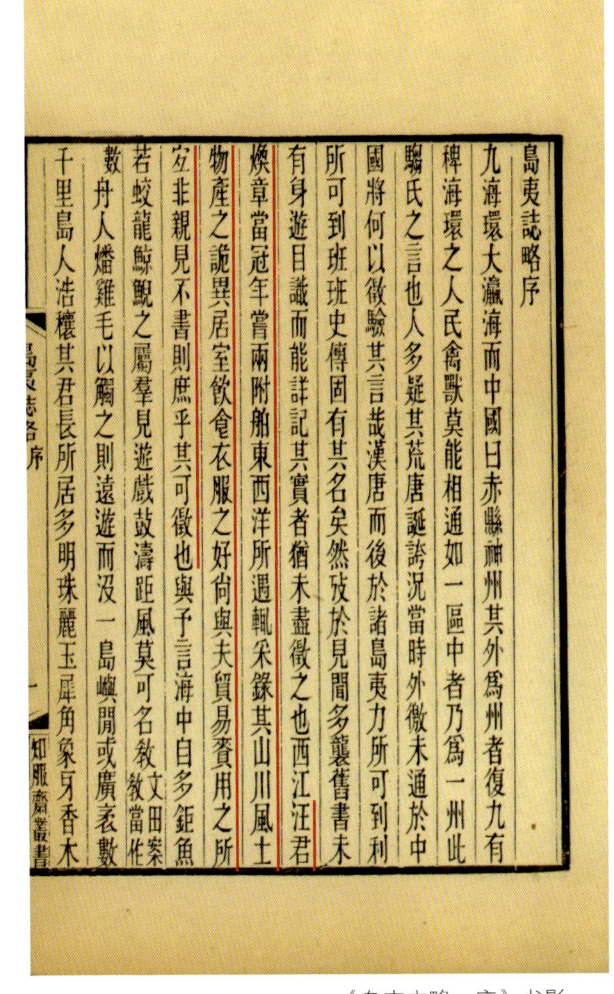

島夷誌略序

九海環大瀛海而中國曰赤縣神州其外爲州者復九有

裨海環之人民禽獸莫能相通如一區中者乃爲一州此

騶氏之言也人多疑其荒唐誕誇況當時外徼未通於中

國將何以徵驗其言哉漢唐而後於諸島夷力所可到利

所可到班班史傳固有其名矣然攷於見聞多襲舊書未

有身遊目識而能詳記其實者猶未盡徵之也西江汪君

煥章當冠年嘗兩附舶東西洋所遇輒采錄其山川風土

物產之詭異居室飲食衣服之好尚與夫貿易賫用之所

宐非親見不書則庶乎其可徵也與予言海中自多鉅魚

若蛟龍鯨鯢之屬羣見遊戲鼓濤距風莫可名教（文田案教當作）

數舟人燔雞毛以觸之則遠遊而沒一島嶼間或廣袤數

千里島人浩穰其君長所居多明珠麗玉犀角象牙香木

島夷志略序　一　知服齋叢書

《岛夷志略·序》书影

从文献序列上来看，《岛夷志略》上承宋代周去非的《岭外代答》、赵汝适的《诸蕃志》，下启明代马欢的《瀛涯胜览》、费信的《星槎胜览》等重要历史地理著作，其内容涉及的国家与地区达 220 多个，详细记载了这些地区的疆域地名、风土人情、物产贸易，是研究元代中西交通和海道诸国历史、地理的重要文献。正如汪大渊在其后序中提到的："大渊少年尝附舶以浮于海。所过之域，窃尝赋诗以记其山川、土俗、风景、物产之诡异，与夫可怪可愕可鄙可笑之事，皆身所游览，目目所亲见。传说之事，则不载焉。"也正因其内容的真实可靠，《四库全书总目》给予其高度评价："诸史外国列传秉笔之人，皆未尝身历其地，即赵汝适《诸蕃志》之类，亦多得于市舶之口传。大渊此书，则皆亲历而手记之，究非空谈无征者比。"

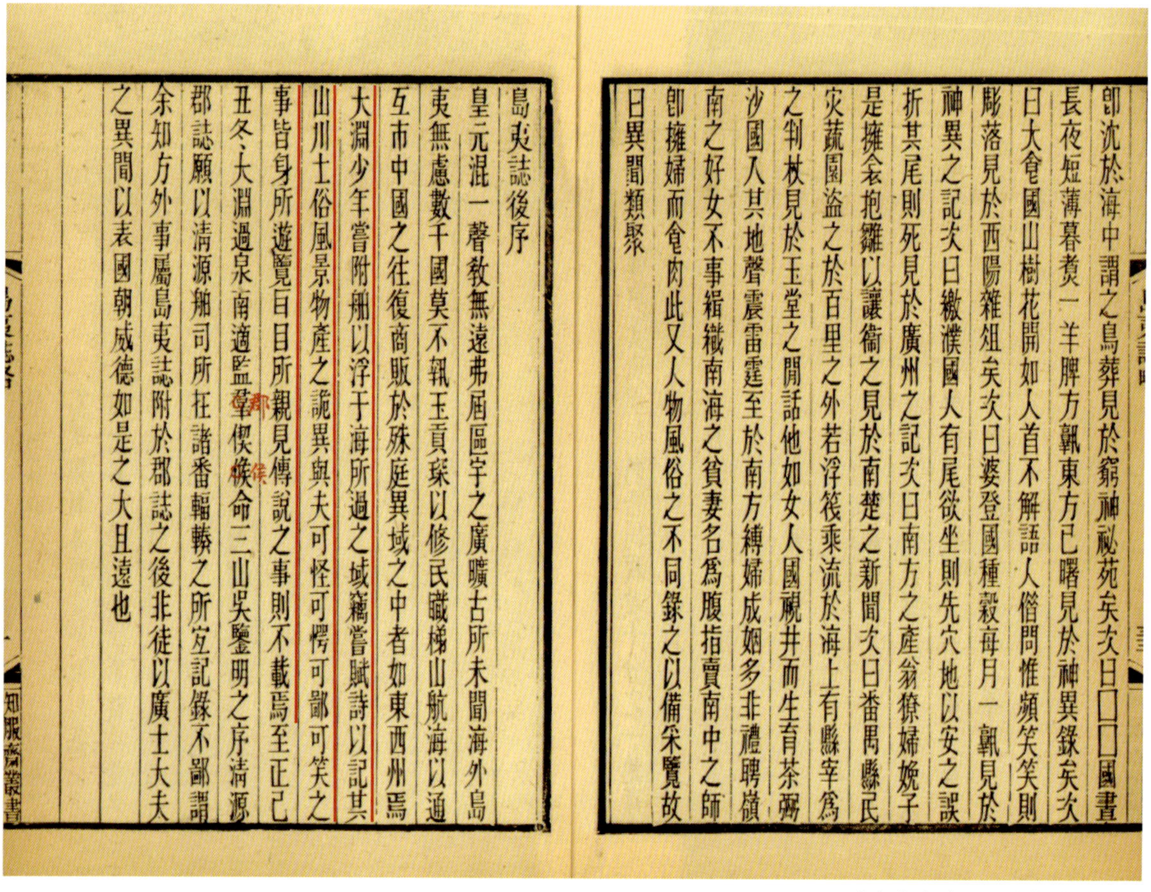

《岛夷志略·后序》书影

白达国，音韵上的对音为今伊拉克首都巴格达，唐宋时期，黑衣大食（阿拔斯王朝）建都于此。南宋地理学家周去非在《岭外代答》中称“其国王则佛麻霞勿（穆罕默德）之子孙也”。《诸蕃志》中也记载“王乃佛麻霞勿直下子孙，相袭传位，至今二十九代，经六七百年”，并指出其国人奉伊斯兰教义：“国人相尚以好雪布缠头，及为衣服。七日一次削发、剪爪甲，一日五次礼拜天，遵大食教度。以佛之子孙，故诸国归敬焉。”

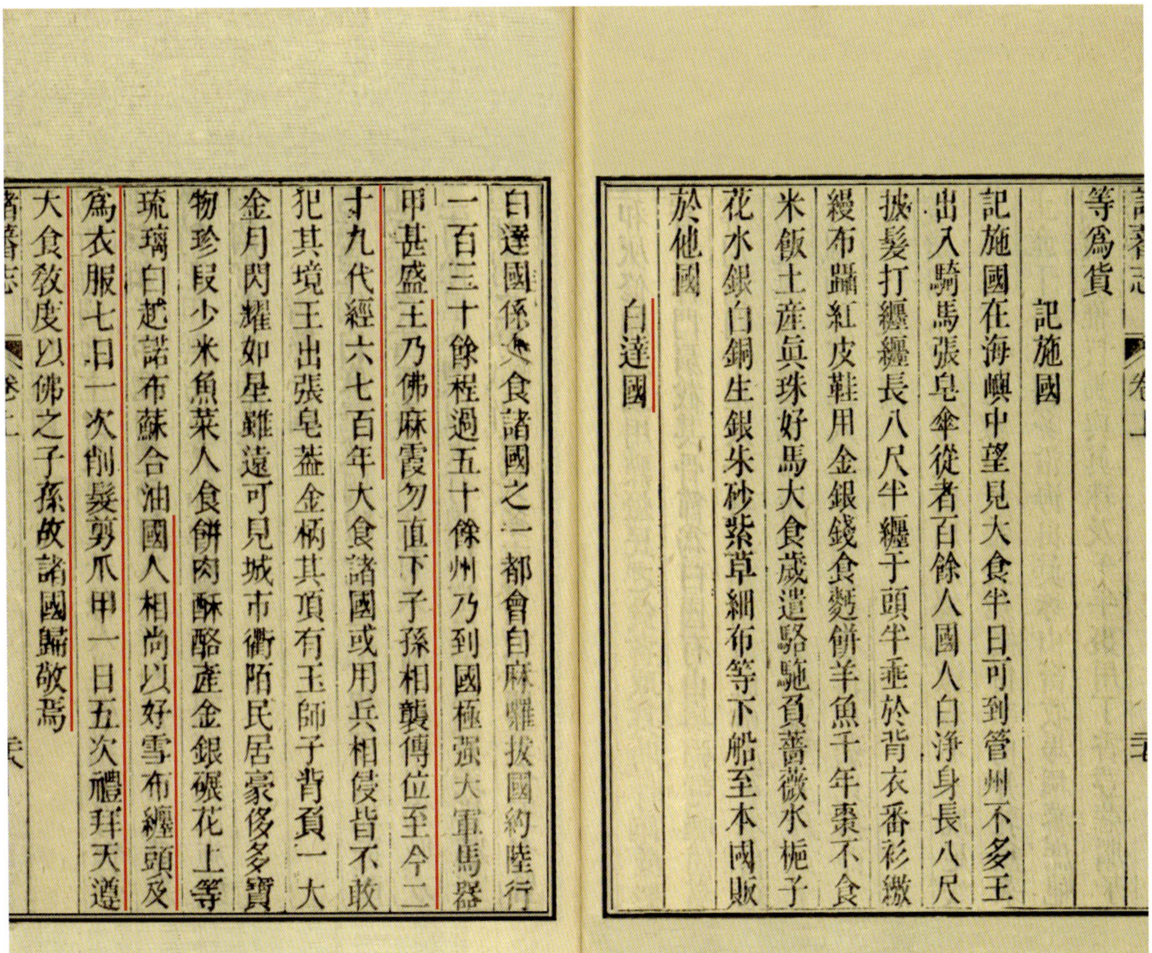

等爲貨

記施國

記施國在海嶼中望見大食半日可到管州不多王出入騎馬張皂傘從者百餘人國人白淨身長八尺披髮打纒纒長八尺半纒于頭半垂於背衣番衫繳縵布躡紅皮鞋用金銀錢食麪餅羊魚千年棗不食米飯土産真珠好馬大食歲遣駱駝負薔薇水梔子花水銀白銅生銀朱砂紫草細布等下船至本國販於他國

白達國

白達國係大食諸國之一都會自麻囉拔國約陸行一百三十餘程過五十餘州乃到國極强大軍馬器甲甚盛王乃佛麻霞勿直下子孫相襲傳位至今二十九代經六七百年大食諸國或用兵相侵皆不敢犯其境王出張皂蓋金柄其頂有玉師子背負一大金月閃耀如星雖遠可見城市衢陌民居豪侈多寶物珍叚少米魚菜人食餅肉酥酪産金銀碾花上等琉璃白越諾布蘇合油國人相尚以好雪布纏頭及爲衣服七日一次削髮剪爪甲一日五次禮拜天遵大食教度以佛之子孫故諸國歸敬焉

《诸蕃志》关于白达国的记载

此外，又有勿斯离国，即今伊拉克摩苏尔。《诸蕃志》中载：“其地多石山。……地产火浣布、珊瑚。”所谓火浣布，即石棉布。汪大渊记其地贸易之货有：“用剌速斯离布、紫金、白铜、青琅玕、阇婆布之属。”

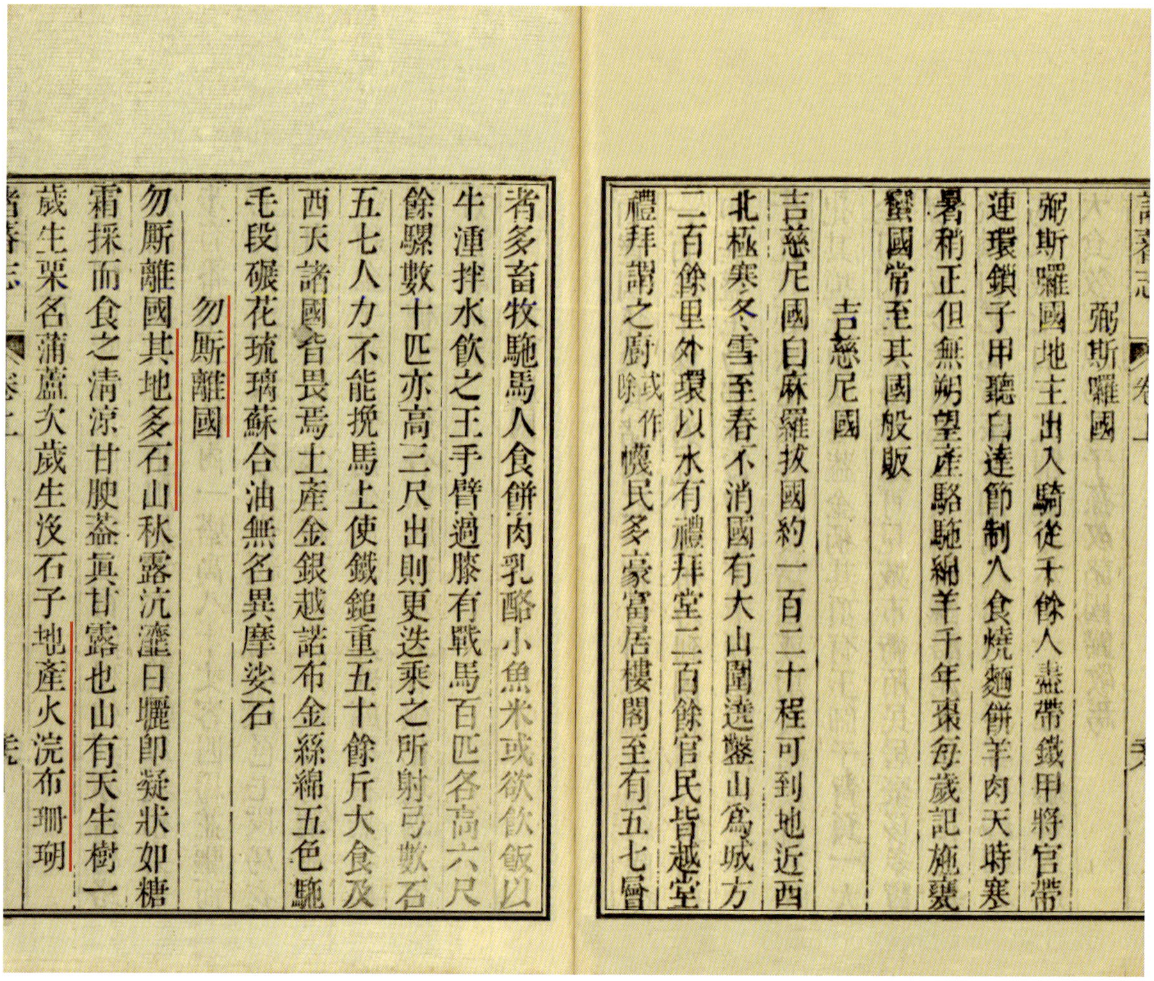

諸蕃志 卷上

弼斯囉國
弼斯囉國地主出入騎從千餘人盡帶鐵甲將官帶
連環鎖子甲聽白達節制人食燒麵餅羊肉天時寒
暑稍正但無朔望產駱駝綿羊千年棗每歲記施甕
蠻國常至其國般販

吉慈尼國
吉慈尼國自麻羅拔國約一百二十程可到地近西
北極寒冬、雪至春不消國有大山圍遶鑿山為城方
二百餘里外環以水有禮拜堂二百餘官民皆越堂
禮拜謂之廚或作除幭民多豪富居樓閣至有五七層

者多畜牧駞馬人食餅肉乳酪小魚米或欲飲飯以
牛湩拌水飲之王手臂過膝有戰馬百匹各高六尺
餘騾數十匹亦高三尺出則更迭乘之所射弓數石
五七人力不能挽馬上使鐵鎚重五十餘斤大食及
西天諸國皆畏焉土產金銀越諾布金絲綿五色駞
毛段碾花琉璃蘇合油無名異摩娑石

勿斯離國
勿斯離國其地多石山秋露沆瀣日曬即凝狀如糖
霜採而食之清涼甘腴蓋真甘露也山有天生樹一
歲生栗名蒲蘆次歲生沒石子地產火浣布珊瑚

諸蕃志 卷上

《诸蕃志》关于勿斯离国的记载

埃及位于北非东部，处于亚、非之间的陆地交通要冲，是大西洋与印度洋之间海上航线的重要中转地，战略位置和经济地位都十分重要，中国典籍中称之为“勿斯里国”，《诸蕃志》称其受白达国节制。在勿斯里国辖属又有遏根陀国，即今埃及亚历山大港，为地中海东南岸主要港口，也是连接埃及与欧洲、地中海国家的贸易中心及文化交流枢纽，被马可·波罗称为与泉州刺桐港齐名的世界第一大港。

者逆則渴死
勿斯里國
勿斯里國屬白達國節制國王白皙打纏頭着番衫
穿皂靴出入乘馬前有看馬三百匹鞍轡盡飾以金
寶有虎十頭縻以鐵索伏虎者百人弄鐵索者五十
人持擂棒者一百人臂鷹者三十人又千騎圍護有
親奴三百各帶甲持劍二人持御器械導王前其後
有百騎鳴鼓儀從甚都國人惟食餅肉不食飯其國
多旱管下一十六州周回六十餘程有雨則人民耕
種反爲之漂壞有江水極清甘莫知水源所出歲旱
諸國江水皆消減惟此水如常田疇充足農民藉以
耕種歲率如此人至有七八十歲不識雨者舊傳蒲
囉吽第三代孫名十宿曾據此國爲其無雨恐有旱
乾之患遂於近江擇地置三百六十鄉村村皆種麥
遞年供國人日食每村供一日三百六十村可足一
年之食又有州名憩野傍近此江兩年或三年必有
一老人自江水中出頭髮黑短鬚鬢皓白坐於水中
石上惟現半身掬水洗面剔甲國人見之知其爲異
近前拜問今歲人民吉凶如其人不語若笑則其年
豐稔民無札瘥若蹙額則是年或次年必有凶歉疾

《诸蕃志》关于勿斯里国的记载

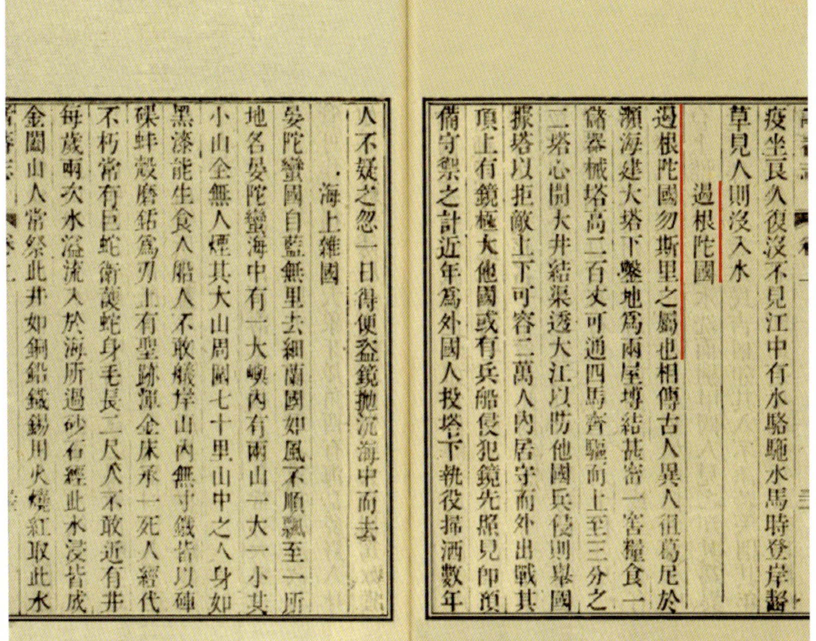
疫坐良久復沒不見江中有水駱駝水馬時登岸齧
草見人則沒入水
遏根陀國
遏根陀國勿斯里之屬也相傳古人異人徂葛尼於
瀕海建大塔下鑿地爲兩屋塼結甚密一窖糧食一
儲器械塔高二百丈可通四馬齊驅而上至三分之
二塔心開大井結渠透大江以防他國兵侵則舉國
據塔以拒敵上下可容二萬人內居守而外出戰其
頂上有鏡極大他國或有兵船侵犯鏡先照見卽預
備守禦之計近年爲外國人投塔下執役掃洒數年
人不疑之忽一日得便盜鏡拋沉海中而去
海上雜國
晏陀蠻國自藍無里去細蘭國如風不順飄至一所
地名晏陀蠻海中有一大嶼內有兩山一大一小其
小山全無人煙其大山周圍七十里山中之人身如
黑漆能生食人船人不敢艤岸山內無寸鐵皆以硨
磲蚌殼磨鋩爲刃上有聖跡渾金床承一死人經代
不朽常有巨蛇衛護蛇身毛長二尺人不敢近有井
每歲兩次水溢流入於海所過砂石經此水浸皆成
金闔山人常祭此井如銅鉛鐵錫用火燒紅取此水

《诸蕃志》关于遏根陀国的记载

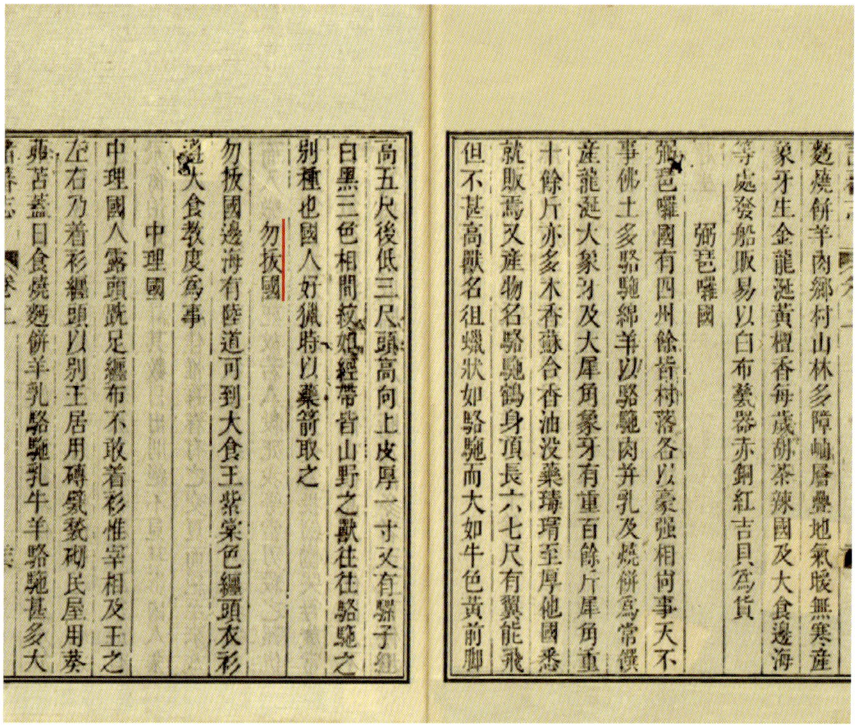

麪燒餅羊肉鄉村山林多障岫層疊地氣暖無寒產
象牙生金龍涎黃檀香每歲胡茶辣國及大食邊海
等處發船販易以白布甆器赤銅紅吉貝爲貨

弼琶囉國

弼琶囉國有四州餘皆村落各以豪強相尙事天不
事佛土多駱駝綿羊以駱駝肉并乳及燒餅爲常饌
產龍涎大象牙及大犀角象牙有重百餘斤犀角重
十餘斤亦多木香蘇合香油沒藥瑇瑁至厚他國悉
就販焉又產物名駱駝鶴身項長六七尺有翼能飛
但不甚高獸名徂蠟狀如駱駝而大如牛色黃前腳
高五尺後低三尺頭高向上皮厚一寸又有騾子紅
白黑三色相間紋如經帶皆山野之獸往往駱駝之
別種也國人好獵時以藥箭取之

勿拔國

勿拔國邊海有陸道可到大食王紫棠色纏頭衣衫
遵大食教度爲事

中理國

中理國人露頭跣足纏布不敢着衫惟宰相及王之
左右乃着衫纏頭以別王居用磚甓甃砌民屋用葵
茆苫蓋日食燒麪餅羊乳駱駝乳牛羊駱駝甚多大

《诸蕃志》关于勿拔国的记载

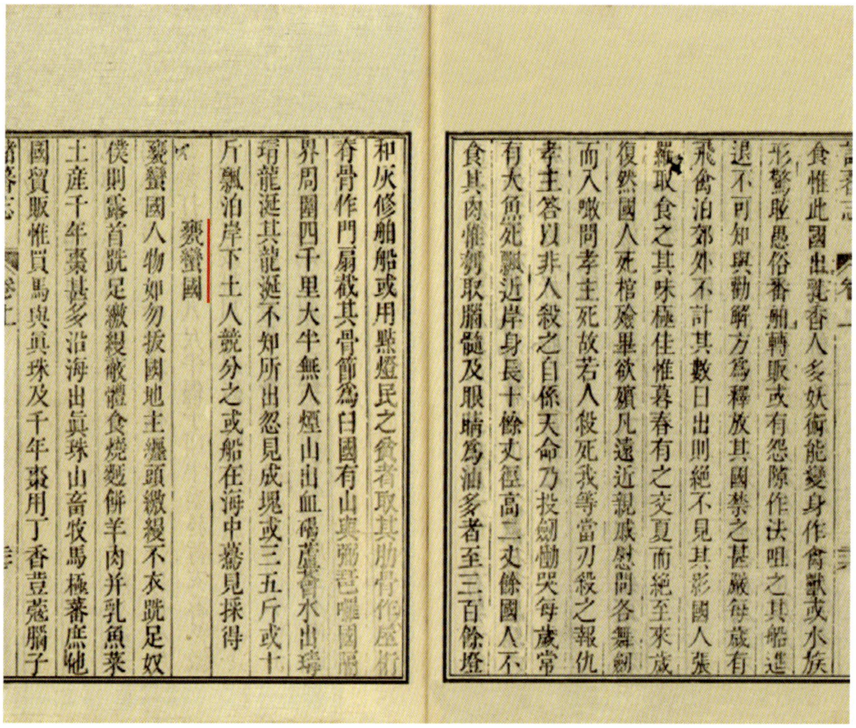

食惟此國出乳香人多妖術能變身作禽獸或水族
形驚駭愚俗番舶轉販或有怨隙作法呪之其船進
退不可知與勸解方爲釋放其國禁之甚嚴每歲有
飛禽泊郊外不計其數日出則絕不見其影國人張
羅取食之其味極佳惟暮春有之交夏而絕至來歲
復然國人死棺殮畢欲殯凡遠近親戚慰問各舞劍
而入嗽問孝主死故若人殺死我等當刃殺之報仇
孝主答以非人殺之自係天命乃投劍慟哭每歲常
有大魚死飄近岸身長十餘丈徑高二丈餘國人不
食其肉惟刳取腦髓及眼睛爲油多者至三百餘燈
和灰修舶船或用鯁燈民之貧者取其肋骨作屋桁
脊骨作門扇截其骨節爲臼國有山與弼琶囉國隣
界周圍四千里大半無人煙山出血碣蘆薈水出瑇
瑁龍涎其龍涎不知所出忽見成塊或三五斤或十
斤飄泊岸下土人競分之或船在海中驀見採得

甕蠻國

甕蠻國人物如勿拔國地主纏頭繳縵不衣跣足奴
僕則露首跣足繳縵蔽體食燒麪餅羊肉并乳魚菜
土產千年棗甚多沿海出眞珠山畜牧馬極蕃庶他
國貿販惟買馬與眞珠及千年棗用丁香荳蔻腦子

《诸蕃志》关于瓮蛮国的记载

阿曼马斯喀特

阿曼位于阿拉伯半岛东南部，地处波斯湾通往印度洋的要道，是阿拉伯半岛最古老的国家之一，早在公元前 2000 年就已经广泛进行海上和陆路贸易活动，并逐渐成为阿拉伯半岛的造船基地及贸易转运中心。宋哲宗元祐三年（1088）十一月，已有大食麻啰拔国遣人入贡，即此麻离拔也。历史上的“麻拔离国”“瓮蛮国”“勿拔国”皆指今阿曼或阿曼境内辖区。关于阿曼的物产，《岭外代答》中提到：“此国产乳香、龙涎、真珠、琉璃、犀角、象牙、珊瑚、木香、没药、血碣、阿魏、苏合油、没石子、蔷薇水等货，皆大食诸国至此博易。”阿曼境内苏哈尔港和马斯喀特港一带，地理位置特殊，为古代东西方海舶所经之地，也因此成为阿曼境内历史上著名的城市。香料是郑和船队下西洋带回的主要物品之一，据闻郑和船队就曾在马斯喀特港登陆，并进行香料贸易。

1990 年 10 月 23 日，联合国教科文组织海上丝绸之路考察船从马可·波罗的故乡意大利威尼斯启航，沿途访问了希腊、土耳其、埃及、阿曼、巴基斯坦、印度、斯里兰卡、泰国、马来西亚、印度尼西亚、文莱、菲律宾、中国、韩国、日本等 16 个国家的 21 个港口及有关城市，于 1991 年 2 月 14 日抵达泉州，进行了为期 5 天的综合考察活动，还在华侨大学举行了“中国与海上丝绸之路”国际学术讨论会。

在泉州期间，来自 30 多个国家和地区的 100 多名外交官、学者、记者参加了海交新馆落成典礼，先后考察了伊斯兰教圣墓、清净寺、开元寺等古迹。迪安博士指出：“泉州在海上丝绸之路上有其独特的地位，是我们整个丝绸之路考察中最重要的城市之一。”

海上丝绸之路考察船“法尔卡·阿·沙拉马号”抵达泉州湾后渚港

第二章
清真古韵——福建清真寺巡礼

建筑作为凝固的历史，从留存下来的空间格局与斑驳的砖石，以及透过石头上面镌刻的纹饰和铭文，我们得以探知那段久远的历史。目前福建的泉州、邵武、福州、厦门等地均建有清真寺，这些清真寺一方面作为穆斯林聚会、礼拜、诵经、祈祷、赞颂真主的场所，另一方面也作为阿拉伯后裔学习宗教知识、庆祝节日、举行仪式的神圣场所。从建筑形式上来看，这些清真寺既有阿拉伯国家风格，也有中、阿建筑风格融合的样式，这不仅为当地城市增添了富有民族特色的文化景观，同时也成为多元文化交流的见证。

第一节　泉州清净寺

宋元时期的泉州以“刺桐”的代称闻名于世，作为当时东方最大的海上贸易港口，泉州也就成为印度洋和西太平洋海上航运和贸易线路上的重要节点城市。在这一时期，泉州的国际航海与贸易联系范围十分广阔，从泉州出发的海上航线往南，经南海，越马六甲海峡，过苏门答腊，横渡印度洋，再经印度南端，越阿拉伯海至波斯湾沿岸的阿拉伯各国和非洲东海岸的许多地区。许多阿拉伯人也循着海上丝绸之路来到泉州，而且在这里经商贸易定居，并先后建立了六七座清真寺。历经千年的历史变迁，目前泉州保留下来的清真寺只剩下一座，这便是位于鲤城区涂门街中段的清净寺。在它身上，既留存着海上丝绸之路的发展印记，又刻写着泉州伊斯兰文化的历史缩影，也折射着中外文化交流的绚烂篇章。

民国泉州清净寺旧影

泉州清净寺，本名圣友寺（阿拉伯语译为“艾苏哈卜大寺”），占地面积2 184平方米，据考证，它是由侨居在泉州的穆斯林集资所创建。实际上，清净寺是地处城南的另一座伊斯兰教寺，建于南宋绍兴元年（1131），元末寺毁，寺中的碑刻被移到圣友寺，所以后人误认圣友寺为清净寺。

表 1　宋元时期泉州伊斯兰教寺比较列表

寺名	始建时间	修建人	地点	损毁年代
圣友寺	北宋大中祥符二年（1009）	艾哈玛德·本·穆罕默德·贾德斯等	涂门街	存
南门清净寺	南宋绍兴元年（1131）	纳只卜·穆兹喜鲁丁	南门排铺街附近	元末
也门教寺	12 世纪以前	奈纳·奥姆尔·本·艾哈玛德·本·曼苏尔·本·奥姆尔·艾比奈	涂门外津头埔	元末
穆罕默德寺	元代，14 世纪初	穆罕默德·本·艾敏伯克尔	南门附近	元末
纳希德重修的寺	元至治二年（1322）前	纳希德·艾斯马尔·穆萨丁	东门外东头乡	不详
无名大寺	元代	不详	不详	不详

明代万历《泉州府志》舆图中的清净寺

義成門
開元寺
理刑館
布政司
督糧館
清軍館
察院
舊道
晉安驛
烈女祠
臨漳門

明代泉州舆图中的清净寺（一）

雙溪口
蓮花山
金雞橋
雙陽山
南臺山
老君巖
錦亭鋪
社稷壇
督糧館
布政司
理刑館
開元寺
鎮撫司
晉安驛
官路尾
浮橋
中州
後山田
洪塘

明代泉州舆图中的清净寺（二）

清净寺在郡城通淮街北府學之東宋紹興間回
人茲喜魯丁自撒那威來泉所造樓塔高敞相傳
爲文廟青龍之左角教以沐浴事天爲本詳三山
吳鑒記中元至正間寺壞里人金阿里修之
國朝正德間住持夏彦高鳩衆重修隆丁卯木塔壞
知府萬慶捐俸令住持夏東升教人蘇養正等修
塔五層萬曆三十七年地大震樓頹其角而寺中
房屋占住幾百餘人汚穢破壞知府姜志禮知縣
李待問捐俸重修悉驅出之仍搆亭宇寺爲一清
令教人林日耀住持夏日禹董其役孝廉李光

明代万历《泉州府志》关于清净寺的记载

泉州清净寺建于伊斯兰教历 400 年，即北宋大中祥符二年（1009）。在清净寺门楼后墙上的阿拉伯文石刻，就镌刻着这样一段文字："此地人们的第一座礼拜寺，就是这座最古老、悠久、吉祥的礼拜寺，名称'艾苏哈卜寺'，建于（伊斯兰教历）400 年。三百年后，艾哈玛德·本·穆罕默德·贾德斯，即设拉子著名的鲁克伯哈只，建筑了高悬的穹顶，加阔了甬道，重修了高贵的寺门并翻新了窗户，于（伊斯兰教历）710 年竣工。此举为赢得至高无上真主的喜悦，愿真主宽恕他……宽恕穆罕默德和他的家属。"这也是该寺始建于北宋的重要物证。

清净寺门楼后墙上的阿拉伯文石刻

泉州清净寺建筑风格来源于古代中东地区伊斯兰教礼拜大殿的流行模式，系仿照叙利亚大马士革伊斯兰教礼拜堂的形式建造的。该寺是中国现存的最古老的伊斯兰教寺之一，也是国内仅存的全部以花岗岩石与辉绿岩石建造的具有中世纪中亚建筑风格的伊斯兰教寺院，为国务院公布的第一批全国重点文物保护单位之一。它与广州怀化寺、杭州凤凰寺、扬州仙鹤寺并称为中国沿海地区四大清真寺。

沿海四大清真寺之一——泉州清净寺

沿海四大清真寺之二——广州怀化寺

沿海四大清真寺之三——杭州凤凰寺

沿海四大清真寺之四——扬州仙鹤寺

泉州清净寺门楼通高 12.3 米，基宽 6.6 米，全部用加工平整的花岗岩石和辉绿岩石砌筑，整体由高度依次递减的三层四道高大相连的半穹顶或穹顶尖拱门组成。第一拱门高 10 米，宽 3.8 米。穹顶全用辉绿岩石刻制成，有如蜂窝状穹窿形藻井的石构图案，象征宇宙的无限威力。中有由四门三室重叠相连的一条甬道，贯穿南北，直达寺内。甬道东西两墙共辟有 6 个尖拱顶壁龛。南墙尖拱门上方有一列《古兰经》经文石刻，北墙尖拱门上额则镶嵌记载清净寺始建及修建情况的古阿拉伯文石刻。门楼屋顶作平台，名“望月台”，是伊斯兰教斋月里阿訇登临望月以决定开斋日期的地方。

泉州清净寺门

泉州清净寺门楼穹顶

中东地区清真寺半穹门顶比较图一：伊朗伊斯法罕聚礼清真寺半穹门顶

中东地区清真寺半穹门顶比较图二：伊朗伊斯法罕哈金姆清真寺半穹门顶

奉天坛在门楼西侧，又称礼拜殿，阿拉伯名为“麦斯吉德”，建筑格局为坐西面东，是阿訇率穆斯林诵经礼拜的处所。屋顶早已坍塌，结构不详，尚遗柱础及残柱 9 根。尖拱形大门，高 4.45 米，宽 2.25 米，门楣顶镌刻着浮雕阿拉伯文《古兰经》句子。四周墙壁均为花岗岩石砌成，南墙临街，全长 23 米，高 6 米，厚 1.2 米，开设有 8 个长方形大窗。西内墙正中凹入，设一尖拱形宝盖状龛，称为“米哈拉布墙”，南北两侧也各有 3 个同样的壁龛，这 7 个壁龛内分别浮雕有《古兰经》铭文。7 个壁龛之间，各有尺寸相同的通向后院的长方形大门洞，计有 6 个。这种建筑格局的礼拜殿，被称为“宽敞型大殿”，是伊斯兰教崇尚清净的体现，为中世纪中东地区伊斯兰教礼拜大殿的流行模式，在如今的阿拉伯地区已所见不多。

清末的奉天坛

1987 年奉天坛考古发掘照片

民国时期的奉天坛大门

奉天坛俯拍图

奉天坛铭文（一）

奉天坛铭文（二）

明善堂外景

明善堂位于奉天坛北侧，始建于明隆庆元年（1567），1998年重修，为中式建筑，现为穆斯林做礼拜之用。因殿屋狭小，只能容纳30人祈祷，大型活动仍在露天的奉天坛举行。

明善堂内景

在明善堂门口处，放置了一个乜帖箱，上书“回赐均沾”四字。“乜帖”是阿拉伯语nīyyah的音译，意为“心愿”“决心”等，经堂语为“举意”。这是穆斯林把自愿诚心举办善功的意图转化为给清真寺或慈善机构施散财物，例如捐资修建清真寺、学校，即称之为“举乜帖”，亦称散“赛德盖”，有些地方还有称“海迪耶”的。这些“举意”均被认为是一种无私的奉献。此外，穆斯林在履行净礼、礼拜、斋戒、朝觐、施舍、宰牲等宗教功课或纪念亡人之前，在思想上也要纯正，明确意愿，并默诵“举意词”，这种行为也被称为“举意”或“举乜帖”。举意词也会根据不同的行为与心愿用阿拉伯语或波斯语编成，如晨礼“天命拜”的举意词是：“我举意礼两拜天命晨礼，虔诚为主，面向克尔白，跟随伊玛目。”

乜帖（nīyyah）箱

穆斯林每天都必须按时做五次礼拜。穆斯林男性 12 岁以后有礼拜的义务，女性则为 9 岁以后就有礼拜的义务。除非有合乎教法的理由，可暂时不礼，过后还补，否则不得有免除、合并甚至延缓礼拜的情况。

明善堂前有宋代精雕石香炉一座，选用叶蜡石雕刻而成。伊斯兰教忌烧香祈祷，此香炉为穆斯林举行礼拜焚烧檀香末调节空气之用，这也符合伊斯兰教徒酷爱洁净的观念。在明正德二年（1507）《重立清净寺碑》所收录的元代吴鉴碑文内容中，就有“造银灯、香炉以供天”句，可知设炉焚香的习俗由来已久。该炉已近千年，是见证穆斯林礼拜生活的珍贵历史文物。

宋代“出水莲花”香炉

泉州清净寺古井

明善堂南面靠近奉天坛墙边，还有一口古井，挖掘于北宋真宗大中祥符二年（1009），迄今已有千年的历史。此井久旱不枯，水明如镜，为穆斯林举行礼拜之前汲水净手或沐浴之用，同时也供给寺众日常生活饮用。

泉州清净寺净手壶

在明善堂内，悬挂有三块木匾，分别是“万殊一本”匾、“认主独一”匾、“三畏四箴”匾。“万殊一本”匾于清嘉庆二十三年（1818）由福建全省陆路军门、漳州总镇马建纪立；“认主独一”匾于民国十一年（1922）八月立，为厦门关监督唐柯三沐盥书；“三畏四箴”匾于民国十三年（1924）六月由山东济南道道尹、厦门关前任监督唐柯三书。其中“万殊一本”匾与“三畏四箴”匾在中华人民共和国成立初还悬挂在清真寺大门上。

“万殊一本”匾

“认主独一”匾

“三畏四箴”匾

清净寺碑亭

所谓“认主独一”，是指天地万物的创造者、供养者、管理者是独一无二的，也即安拉是独一的，没有任何事物能同他相提并论，这是绝对的真理，也是伊斯兰教的信仰核心。“万殊一本”，则是指万物均有所本，其所本在于真一，也即真主。“三畏四箴”，从伊斯兰教义解释，三畏即畏天命、畏圣言、畏末日，四箴即箴信真主安拉、箴顺先知穆罕默德圣人、箴遵天经《古兰经》、箴行五功（即教义规定的五大宗教功课：念、礼、斋、课、朝）。

清净寺自创建以来，历代穆斯林相继集资修葺，并勒碑为纪，石碑至今仍保存在寺内。其中体量较大、内容较为丰富的是明正德二年（1507）翻刻的元至正十年（1350）三山吴鉴《重立清净寺碑》与万历三十七年（1609）李光缙《重修清净寺碑记》两块石碑。

《重立清净寺碑》石碑为花岗岩材质，通高 2.6 米，宽 1.1 米，碑面阴刻文字，风化剥蚀严重。碑首横刻篆体六大字“重立清净寺碑”，以下竖刻 22 列，每列 60 字。是碑为明正德二年（1507）重刻，原碑文由吴鉴撰于元至正十年（1350），属南门清净寺旧物。后因寺毁，该碑被移置艾苏哈卜寺，久而久之该寺名也被误称为清净寺。碑文中提到“创兹寺于泉州之城南。今泉造礼拜寺，增为六七”。根据目前所发现的有关伊斯兰教寺的碑刻、遗迹考证，可以认为这一历史记载是可靠的。

《重立清净寺碑》石碑

《重修清净寺碑记》石碑

《重修清净寺碑记》石碑为花岗岩材质，通高 2.77 米，宽 1.17 米，碑面阴刻文字风化剥落严重，碑首横书篆书“重修清净寺碑记”七字，下竖刻 27 列文字，每列 64 字。此碑是继重立清净寺碑之后，重修艾苏哈卜寺时立的碑，虽用清净寺之名，实际上所指的仍是艾苏哈卜寺。

值得一提的是明成祖朱棣在永乐五年（1407）颁发的保护穆斯林和清净寺的敕谕碑刻，至今完好无损地嵌置于寺北的墙壁上。是碑为花岗岩石质，高 1.01 米，宽 1.67 米，厚 0.15 米，四缘浮雕飞龙图案边框，上首刻篆体“敕谕”二字，框内阴刻隶书 16 列，在“永乐五年”两侧，还阴刻 4 个小字“敕命之宝”，极为珍贵。

永乐敕谕碑刻

清净寺内的阿拉伯文石刻

此外，寺中现还收集有许多阿拉伯文石刻，设有伊斯兰教史迹陈列室，吸引着众多国内外考古专家前来探访。如今在清净寺旁边新盖的礼拜堂，则是为迎接清净寺千年盛典而兴建，其善款为阿曼苏丹卡布斯·本·赛义德所捐。

阿曼苏丹卡布斯·本·赛义德捐资修建的礼拜堂

第二节 邵武清真寺

在福建民间，曾流传着“铜延平，铁邵武，纸糊福州城，豆腐建宁府”的民谚，此谓延、邵二郡稳固，坚不可拔，而福、建二郡，则无险可守。邵武地处八闽喉襟之地，自古以来就是兵家必争之地。闽北地区唯有邵武有回族穆斯林聚集居住，邵武清真寺作为福建省内四座清真古寺之一，是闽北唯一的一座清真寺。

邵武的清真寺位于邵武市华光路和平巷，为明代建筑，又名礼拜寺，据闻始建于元至元十三年（1276），后毁。明洪武七年（1374）于今址重建，嘉靖初又毁于火灾，五年后，当地杨姓穆斯林舍宅为寺，作为穆斯林礼拜场所，当地马、苏、米、沙、范等姓伊斯兰教民常到此礼拜诵经。明嘉靖《邵武府志》就记载：“清真寺在迎春坊委巷，色目人建以奉其教。香花洒扫，别为一家。”

另据清光绪二十四年 (1898) 编修的《邵武府志》记载：“邵武有清真寺，旧名清净，清雍正三年（1725）建。”可知雍正年间又有修建，同治八年（1869）也有重修，经过不断修复，才有今天的规模。

邵武清真寺为木构建筑，融合中、阿宗教建筑风格，古朴而又别致，除供诵经的礼拜堂外，又有望月楼、廊房、茶厅、水房等附属建筑，整体建筑格局自成体系，占地面积约 3 000 平方米，建筑总面积 883 平方米，大殿建筑面积 140 平方米。清真寺坐北朝南，石构尖顶形，略仿阿拉伯样式，刻有阿拉伯书法《古兰经》多处，大门正上方“清真寺”三个大字为北京回族穆斯林书法家刘东声书写。门口阁廊有对联曰：“古寺重新千秋焕彩，真经玄理万世昭辉。”

真經玄理萬世昭輝
الجمعية الإسلامية في مدينة شاوو بمقاطعة فوجيان
福建省邵武市伊斯兰教协会

邵武清真寺

门口阁廊对联

望月楼

入寺门后通过甬道，正中耸立着一座木质结构宣礼塔。塔为三层挑檐阁式望月楼，最上层为八角攒尖顶小亭，中层作方形，底层高敞，面对甬道，望月楼檐下悬挂“正教真传”匾额。由望月楼折东前行就到了第二重门，门上的砖雕、石刻十分精美，花卉图案灵动摇曳、栩栩如生。寺内墙上嵌有“天方古教”匾。匾额中写到的典故与伊斯兰教的传播有密切联系，所谓的“真教”“古教”，指的就是伊斯兰教，而“天方”所指，最初是指伊斯兰教发源地麦加，后则泛指阿拉伯。清代刘智《天方典礼·原教篇》谓：“维初太始，万物未形，惟一真宰，无方无似。命弘开辟之功，始立亿兆之类。天地万物备，而真宰之妙用，贯彻乎其中。造人祖于天方，降圣贤于中极，创制宏规，而教立焉。厥后人物克繁，渐达四外，去古近者，其教犹存，去古远者，其教遂失，故四方之教多非古教也。唯我天方，得众圣薪传，道统不绝，迄穆罕默德出，道愈彰明矣。”

“天方古教”匾

阿拉伯文门额

雕花石柱础

“真有无相”匾

通过前廊向西穿过天井，即是礼拜堂。主殿坐西朝东，为中式木构平房，呈正方形，大殿穿斗式木构架，面阔五间，进深五间，卷棚顶。殿内北面设讲经坛，坛壁正面门，进为壁龛，龛内板壁绘有精美的伊斯兰教经文和花草图案。两侧山墙还有圆洞窗和拱券窗，地面铺设地毯，清净素雅，敞亮肃穆，有着浓厚的伊斯兰装饰风格。殿门隔扇装饰颇为精美，有花草山水木雕。廊前护有石栏杆，庭院两侧为茶厅、房舍，供教民休憩。走廊对联为：“知感安拉普慈世界，钦崇默德广惠穆民”“教肇天方宏扬真理，经传穆圣指渡迷津”。廊柱下为精美的雕花石柱础，大殿廊下高悬“真有无相”匾。寺内花园广植葡萄等花木，其园林布局具有阿拉伯风格，堂宇又具有中国明代建筑特征，中、阿两种文化相互融合，别具特色。

第三节　福州清真寺

福州地处闽江下游，控扼台湾海峡，为海上丝绸之路必经之地。历史上，福州长期作为福建的政治中心，备受历代统治者的重视，从而获得了进行海外交往的特殊优势。而发达的造船业，更是巩固了福州在海上丝绸之路中的突出地位。《恩赐琅琊郡王德政碑》中就提到“闽越之境，江海通津。帆樯荡漾以随波，篙楫崩腾而激水”。这段文字描述的就是1000多年前闽王王审知在福州开辟甘棠港的情形。在元明时期，福州也成为阿拉伯人与波斯人来华经商传教的地点之一。

福州清真寺位于福州市八一七北路，建筑坐西向东，分三进，皆有风火墙隔开，中辟石框门。临街是带圆形穹顶、三层砖石结构的邦克楼，一楼走廊直通第二进的墙门，第三进门额上刻有阿拉伯文，译为“万物非主，唯有真主。穆罕默德是主的使者”。该寺占地约 2 300 平方米，总建筑面积 1 800 平方米，大殿面积 400 平方米。

福州清真寺

福州清真寺旧大门

据寺内明嘉靖二十八年（1549）刻《重建清真寺记》碑记载，该寺初创于唐贞观二年（628），但已无据可考。又传此地原为五代时闽王王继鹏（即王昶）未封王时的住所太平宫，后晋天福元年（936）王继鹏即王位，喜舍为“万寿院”（佛教寺）。元至正年间（1341—1368）由廉访使张孝思捐俸重修，方归伊斯兰教所有。明初，赵荣、马庆、沙朋等人辄加整饬。明嘉靖二十年（1541），该寺毁于火灾，是年冬由古里国（印度卡利卡特 Culicut）使臣葛卜满的后裔葛文明（时侨居福州）主持重建，越八年落成。寺址在城南，“东邻宫衢，西抵邑庠，南至民房，北依万寿，纵横深广计有三十余丈”。在这一时期，金陵兰敬一号召集资，购置福州南门兜洗马桥的铺面作为清真寺产业，以店面租金来供给清真寺的日常活动。

门额上的阿拉伯文

重建的清真寺为传统四合院式的建筑形式，据明嘉靖重建碑记，福州清真寺的礼拜堂居中，左庑为茶厅，右庑为房廊、厨舍，拜堂面对华表。礼拜堂前为22扇花格屏门，堂内有木制拜坛，正墙上有横匾，书“穆罕默德是真主安拉的使者”。匾下有一假门，有门框而无门洞，教众称之为“上天之门”。

礼拜堂外景

礼拜堂内景

铜香炉

“显扬圣教”匾

礼拜堂为单檐五脊顶，面阔五间，进深四间，为穿堂式中殿。大殿门上悬挂“显扬圣教”匾额，为厦门关监督唐柯三于民国十一年（1922）十月所写。大殿四面环绕长廊，走廊正中陈列一座铜香炉，外护一道石栏杆（相传石栏杆为宋代万寿院遗物），内嵌有石屏四幅，为明代文物，屏面上是浮雕花鸟，柱顶雕饰为花座朝上瓣朝下的莲花。

殿前石栏杆

廊下左右共立有明永乐皇帝敕谕碑、明嘉靖二十八年（1549）《重建清真寺记》碑及清康熙二十九年（1690）秋七月修寺碑记、乾隆二十二年（1757）修寺碑记、嘉庆十七年（1812）《公置产业碑记》、道光二十三年（1843）《奉宪给示勒石》等六座石碑，华表则已不见踪迹。明永乐皇帝敕谕碑为寿山石材质，三边缘皆残缺，中部被斜斩为两截，余碑高 1.15 米，宽 0.56 米，内容与泉州清净寺永乐五年敕谕相同。明嘉靖二十八年（1549）《重建清真寺记》碑刻高 2.9 米，宽 0.82 米。花岗岩质地，中部断裂，字迹清晰。碑首分三竖行刻有“重建清真寺记”六字，以下竖刻 18 列，每列 6—63 字不等，为邵武回族文人、时任湖广布政使司左参议斋民米荣所撰。

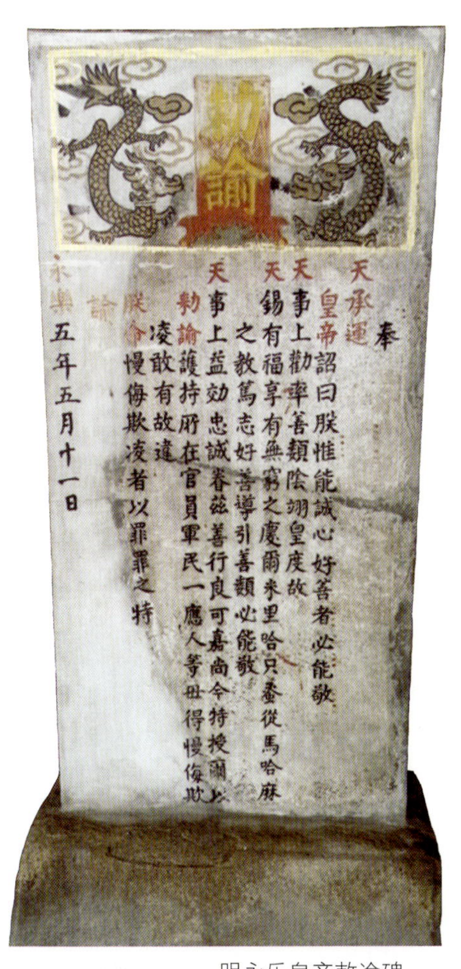

明永乐皇帝敕谕碑

《重建清真寺记》碑刻

清康熙二十九年（1690）七月修寺碑记

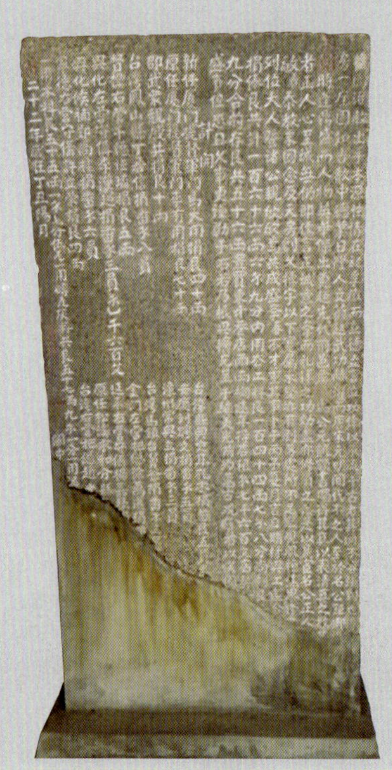
清乾隆二十二年（1757）修寺碑记

清嘉庆十七年（1812）《公置产业碑记》

清道光二十三年（1843）《奉宪给示勒石》

福州市清真寺事务管理委员会

清代，福州伊斯兰教逐渐衰落，清真寺日常主要是由外省来福州任职的穆斯林官员出资修缮、供养并维持伊斯兰宗教教育。1921 年，厦门海关监督唐柯三等人又集资修缮福州清真寺，“显扬圣教”匾就是在修缮后悬挂上的。从 1930 年代起，福州清真寺由董事会进行管理。1990 年 4 月成立了福州市清真寺事务管理委员会，负责管理清真寺的教务、资产、宗教活动、聘请阿訇等事宜。现庭院有左、右两庑，分别为阿訇居室及福州市清真寺事务管理委员会所在地，大殿右侧为水房。1983 年，该寺被列为市级文物保护单位。

福州清真寺作为福州唯一的穆斯林礼拜场所，清真寺与各界同仁联名呼吁扩修清真寺，2009 年 4 月 20 日市政府决定，归还清真寺历史上流失的部分房产，结合城市改造，全面规划重修清真寺。2013 年 6 月福州市民族宗教局正式启动清真寺修建工程，于 2015 年 12 月竣工。

第四节　厦门清真寺

厦门清真寺旧影

厦门清真寺，原址位于公园南路玉屏巷内，始建于清道光三年（1823），由浙江提督杨继勋倡捐，由岛内伊斯兰教徒集资修建，这是厦门历史上第一座清真寺。据道光《厦门志》称，厦门城墙边的玉屏巷一带原来是当时回民的主要聚居地，杨继勋与他们建立了深厚的感情，作为穆斯林，他被当地回民推举为首，随后倡建了这座清真寺。

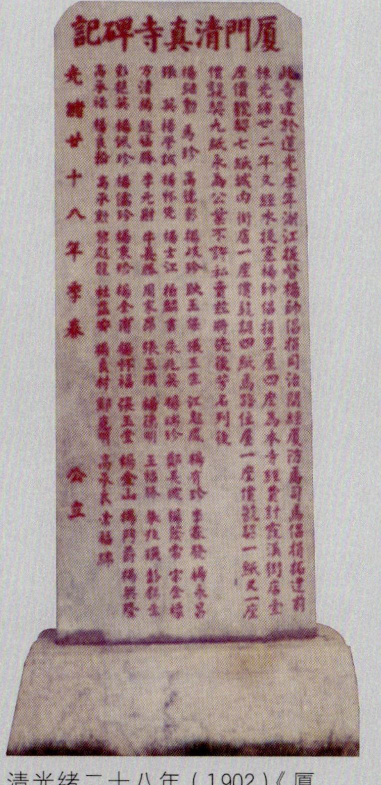

清光绪二十八年（1902）《厦门清真寺碑记》

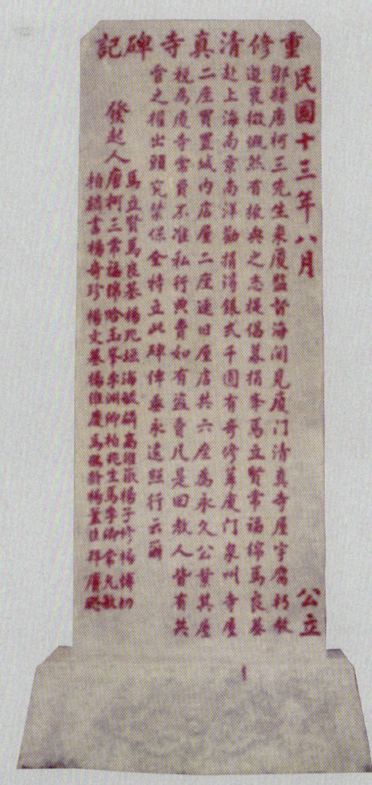

民国十三年（1924）《重修清真寺碑记》

厦门清真寺最早只有一堂一院。同治年间，厦防马司马倡捐拓建前栋，加筑围墙，形成前厅、中厅和大殿的传统中国式建筑格局。寺坐西朝东，平面呈狭长方形，分为三进，总建筑面积 2 365 平方米，入门是天井庭院，二门内为大厅和厢房，三门内是礼拜殿，殿顶为悬山式建筑。光绪二十二年（1896），福建水师提督杨岐珍向清真寺捐赠了 4 间房屋商铺。这些内容都记录在留存至今的《厦门清真寺碑记》上，是碑高 1.8 米，宽 0.65 米，厚 0.1 米。

民国十三年（1924），当时任厦门海关监督的回民唐柯三见该寺寺宇腐朽，便推举马立贤、常福绵、马良基等三人赴上海、南京和南洋群岛劝募，得银元 2 000 多元，修葺厦门、泉州两地清真寺，并增购城内店屋两座立为本寺永久公产。《重修清真寺碑记》高 1.78 米，宽 0.64 米，厚 0.12 米。

唐柯三像

唐柯三（1882—1950），山东邹县（今邹城市）人，出生在一个信仰伊斯兰教的官宦家庭，自幼饱读儒家经典，同时又有浓厚的伊斯兰教意识，1904 年毕业于京师大学堂，为清附贡生。曾历任中华民国国会参议院议员、济南交涉署署长、厦门海关监督、济南西区道尹、国民政府蒙藏委员会委员。唐柯三是伊斯兰教文化的积极倡导者。1925 年 5 月 24 日与马松亭等人在济南穆家车门清真寺创办私立成达师范学校，任校长 18 年，他所制定的以培养伊斯兰教“经汉兼通”并能胜任教长、宗教团体会长和学校校长的“三长”新型阿訇为宗旨的教育方针，成为中国近代伊斯兰教教育史上的典范；1929 年创办的《月华》杂志，也成为近代中国发行时间最长的伊斯兰教刊物，影响深远。福建伊斯兰教的保存与发展得其惠实多，尤其是泉州、厦门两地更是如此，这从福建保留下来的伊斯兰教匾额、碑铭的记录中可以得到印证。

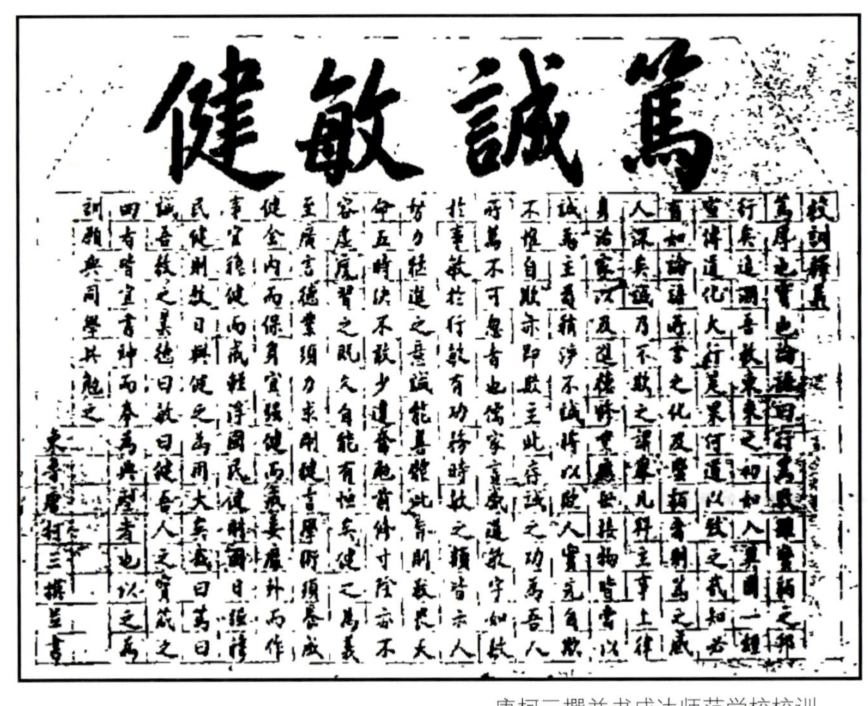

篤誠敏健

唐柯三撰并书成达师范学校校训

第一期　月華　第一版

本期目錄

月華

創刊號

中華民國十八年十一月五日

1348 Jamadul-Akhir 3

（每十天出版一次）

本刊啓事

出版期……每月五日十五日二十五日

報價……每期大洋一分預定全年大洋三角半年大洋一角六分

發行……清真寺學校團體一律贈閱

社址……北平東四牌樓成達師範學校

回教與中國（參揚）

本刊宗旨

一，發揮回教適合現代潮流之精義

二，介紹世界各地回民之消息

三，增進中國回民之知識與地位

四，解釋回教新舊派別之誤會

五，發達中國回民之國家觀念

六，提倡中國回民之教育及生計

《月华》创刊号

20 世纪 80 年代初维修后的清真寺前门

1988 年全部翻建后的清真寺俯视图

由于长期失修，厦门清真寺寺宇已破陋不堪，几将塌陷，人民政府于 1955 年拨款维修，使穆斯林能够照常进行宗教活动。1982—1987 年，国务院、福建省人民政府和厦门市人民政府又先后拨款 42.7 万元人民币，分两期对清真寺进行全面翻建。1988 年 6 月，全部翻建工程宣告完成。全寺占地面积仍保持为 520 平方米，总建筑面积 720 平方米。

1988 年，厦门清真寺翻建前楼时，从地下掘出三方均雕刻着阿拉伯文、波斯文、汉文的墓碑。据闻寺内曾保存一副清代阿拉伯文木刻对联和一块木牌，木牌上记载了 1904 年常子美调查厦门各处穆斯林墓地的情况，其中收录的墓地有 54 处，计 279 穴，涉及 17 个姓氏。

1993 年 7 月，为适应厦门市旧城改造重要项目玉犀城建设的总体规划需要，并经报送上级主管部门批准，对该寺进行全面拆除重建，寺址也移至公园南路 27—29 号（距原址约 50 米），并于 2003 年 10 月落成投入使用。新清真寺系仿阿拉伯式六层建筑，第六层为礼拜殿，四周都是伊斯兰式的拱形窗户，整个房间宽敞而明亮。在绿色的地毯和雪白的墙壁映衬下，大礼拜堂肃穆、庄严而圣洁，总建筑面积 2 400 平方米。该寺现为厦门特区中外穆斯林宗教活动中心。

第三章
贞石永固——伊斯兰教墓石的诉说

金石永年，国人素有刻石以存史的传统。历史上那些跨海越洋来到福建的阿拉伯人与波斯人，有许多人就在福建定居，甚至长眠于斯，留下许多石棺与墓碑。通过解读这些墓石碑文，既可征前代之事实，又可匡史文之讹谬。目前福建地区所留存下来的每一块阿拉伯人、波斯人及其后裔的碑铭，就记录着一个人乃至一个家族的故事，由此也使我们得以探知历史上阿拉伯人与波斯人漂洋过海来到福建的故事与历史记忆，触摸着这些石刻上的文字，不经意间又把我们带回到那个“缠头赤足半蕃商”的繁盛年代。

第一节　泉州的阿拉伯石刻记忆

宋元时期泉州的穆斯林墓葬虽大部分已毁，然而遗存下来的石墓盖与墓碑上，既有雕刻华美的伊斯兰教图案，又有阿拉伯文、波斯文及中文，碑文记载着逝者的姓名、生卒年月、籍贯及《古兰经》与《圣训》章句，这无意中成为我们探寻泉州与阿拉伯世界历史交往的重要实物，同时也是10—14世纪泉州海上交通繁盛、多元文化和谐共处的历史见证。

在泉州海外交通史博物馆的伊斯兰教陈列馆内，展陈着许多阿拉伯风格的墓石，这些墓碑与墓构件，曾广泛分布于泉州的津头埔、浦西、院前、后坂、园麓、美山、法石、柳公砌、仁风、东禅、后茂、东坑、后田、东岳、色厝围、乐园、双路口、砖仔山、甘蔗头、城东、灵山、水牛林、丁厝山、金厝围、夏厝埔等地。1998年，泉州海外交通史博物馆考古部就在津头埔地段抢救性发掘了60多座伊斯兰教墓盖石以及也门人所建清真寺的构件，由此我们可以认为这一带曾是阿拉伯人重要的聚居区与墓葬区。

泉州海外交通史博物馆“阿拉伯—波斯人在泉州”专题展览

泉州海外交通史博物馆“阿拉伯—波斯人在泉州”陈列馆内的石碑

1998年，泉州津头埔清真寺构件及墓盖石发掘现场

泉州目前所能知晓的阿拉伯墓葬，最早的要数泉州灵山南坡的伊斯兰教圣墓。墓区占地面积约 300 平方米，安息着唐武德年间（618—626）来泉州传教的伊斯兰教先知穆罕默德的两位门徒三贤、四贤。墓为两座东西并列的花岗岩石雕琢而成的伊斯兰教须弥

灵山圣墓

座式墓，呈长方形，坐北朝南。全墓通高 0.6 米。上有墓亭，为仿木石构，四圆柱，歇山顶。墓东、西、北三面依山筑有石构回廊拱护。墓廊内、外竖历代碑刻 7 通。廊内有石碑 5 方，正中一方为元至治二年（1322）立“重修圣墓碑”，刻阿拉伯文，记述三贤、四贤事略；右侧一方为明永乐十五年（1417）郑和下西洋路经泉州，来此墓祭先贤行香所立的汉文石碑。这些碑记也成为研究中国伊斯兰教和该墓历史的重要文物。

元至治二年（1322）重修圣墓阿拉伯文碑

明永乐十五年（1417）郑和行香碑

清乾隆十六年（1751）夏必第重修圣坟碑

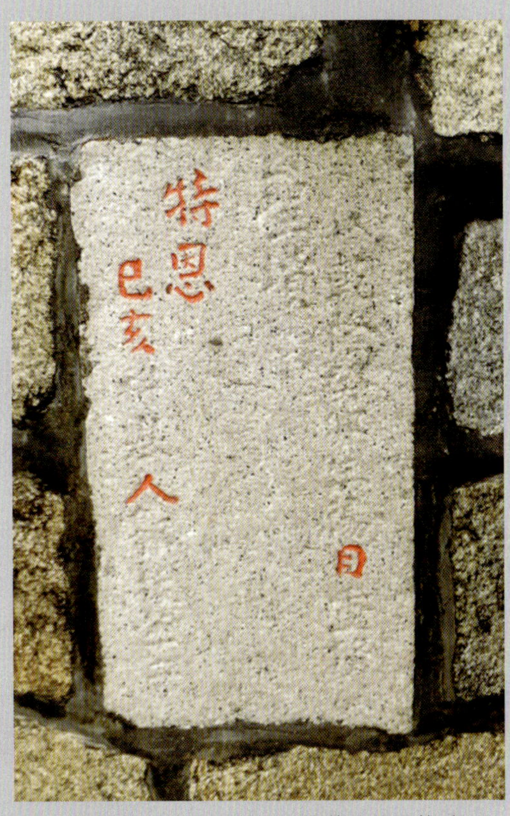

清乾隆四十八年（1783）郭拔萃重修圣坟碑

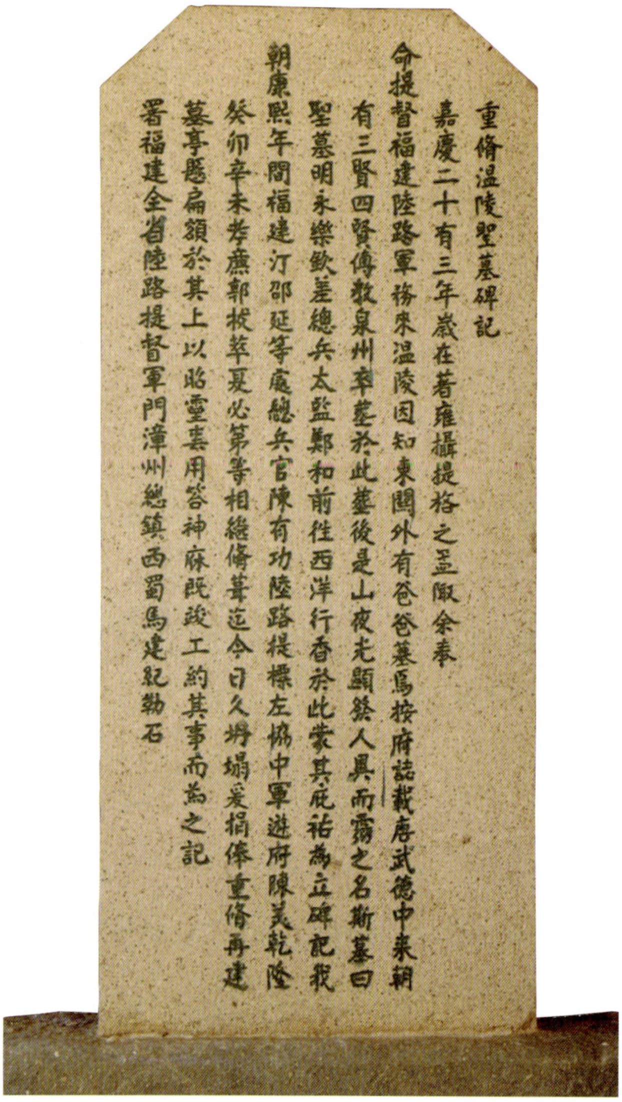

清嘉庆二十三年（1818）马建纪重修温陵圣墓碑

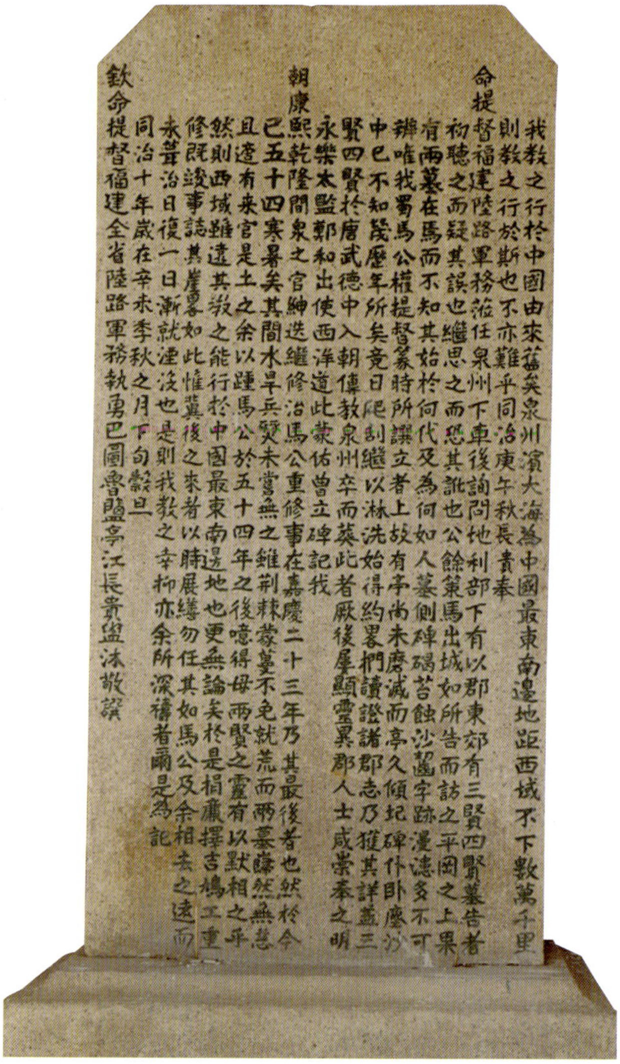

清同治十年（1871）江长贵重修圣墓碑

伊朗专家阿里·萨哈瓦特和纳岱丽认为，在伊斯兰教世界中，除了穆罕默德圣墓和阿里圣墓之外，泉州的三贤墓、四贤墓是历史最久、价值最高的古迹。泉州作为伊斯兰教最早传入中国的地区之一，至今仍然生活着数以万计的阿拉伯人后裔，保留着浓郁的伊斯兰文化传统和众多史迹。

1991 年，联合国教科文组织专家考察泉州伊斯兰教圣墓

1926年11月20日，中国著名陶瓷专家、时任厦门大学国学院考古学导师陈万里一行来到泉州仁风门外东湖畔的东禅寺，在寺院附近发现了许多阿拉伯文石棺。在其《闽南游记》一书中的当日笔记中，曾做如此描述："石棺第一级刻亚剌伯文，其不刻文字者以花纹代之，第二级花纹，作扁平宽阔之箭头形而略倾斜，第三级花纹回环，亦有作五瓣花式者，第四级略似如意，勾搭处颇见匠心，花纹之大略情形如此。石棺上面中央部，往往有长方形之空陷，其式颇似近代基督教徒石棺中央之种花部分。"除了对石棺纹饰的详细记录外，还对墓碑竖立的位置做了提示："石棺排列极整齐，亚剌伯文碑记树于石棺面上之一端，其式亦常见于近代基督教徒之墓地。碑记文字印文，以年代久，磨泐颇多。"从当时所拍摄的照片来看，也还能明显看出墓葬的原有样式。

东禅寺附近阿拉伯文石棺

塔式石墓盖一组

在泉州海外交通史博物馆内，也陈列着从泉州各处征集来的石墓盖。从其样式及构造来看，既有整石琢成的，也有由多块石头雕刻拼合而成的；既有实心的，也有空心的。石墓盖为三至五层不等，底座宽大，逐层缩小。就其纹饰来说，以五层石墓盖为例：第一层有六足，为须弥座式，足间由如意云纹环绕连接；第二层四周为缠枝花卉纹；第三层则环饰覆莲瓣纹；第四层四面刻有阿拉伯文；第五层则为尖状或圆拱形顶石，顶石两端刻有云月纹。

泉州海外交通史博物馆石墓盖大场景

古吐不拉·耶阿孤白塔式墓盖顶石

古吐不拉·耶阿孤白塔式墓盖顶石局部

1956年于泉州仁风门外东禅寺附近发现的元至大三年（1310）古吐不拉·耶阿孤白塔式墓盖顶石，墓主古吐不拉·耶阿孤白·本·凯里姆拉·本·哈基·贾杰鲁姆，来自伊朗（波斯）霍拉桑省西北部的城市贾杰鲁姆（Jajarm），而且还是一位“著名的将领”。该墓石以实心辉绿岩整石雕刻为上下两层，上层截面呈半圆形，前端浮雕两行阿拉伯文，侧面刻有汉字，下层前端浮雕两行阿拉伯文，其余三侧雕刻波浪纹。

展陈于伊斯兰教陈列馆展厅内的元代马哈穆德塔式石墓盖，墓主为马哈穆德·本·穆罕默德·本·艾卜·伯设里·吉兰尼，来自于伊朗北部的吉兰（Jilan）。该墓石由实心辉绿岩整石琢成，分四层。底层六座脚之间雕刻如意云纹，第二层刻莲瓣图案，第三层浮雕一圈阿拉伯文。顶石截面呈尖拱状，一端刻云纹烘托圆月图案，另一端刻有盛开的莲花纹饰。

元代马哈穆德塔式石墓盖

元代马哈穆德塔式石墓盖局部

元代伊斯兰教塔式新月纹墓顶石

元代伊斯兰教塔式新月纹墓顶石局部

在展厅内还有一座塔式云月纹墓顶石比较特别，与其他石墓盖上的圆月不同，此墓石一端雕刻的纹饰是卷云纹烘托一弯新月的图案，这也是目前泉州所见唯一一座这样的墓顶石。新月作为伊斯兰教国家建筑及旗帜中常用的装饰图案，也象征着上升与兴旺。

1972 年，在泉州法石美山西墓井发现了一座元代伊斯兰教须弥座式披巾石墓盖。这一石墓盖底层与第二层已毁，第三层雕刻有覆莲瓣纹，第四层浮刻“卍”字连续几何图案，第五层即墓顶石为圆拱形，截面两端刻有云月纹饰，顶石中部则雕刻着一方精美的菱形披巾，并装饰有六角形、梅花、如意双环等图案。因发现该石墓盖时未见阿拉伯文及墓碑，所以我们无法知道墓主是谁，不过根据石墓盖上如此精细的纹饰与雕工，可推测其身份必定也是十分高贵的，或许是一位阿拉伯贵妇也说不定。

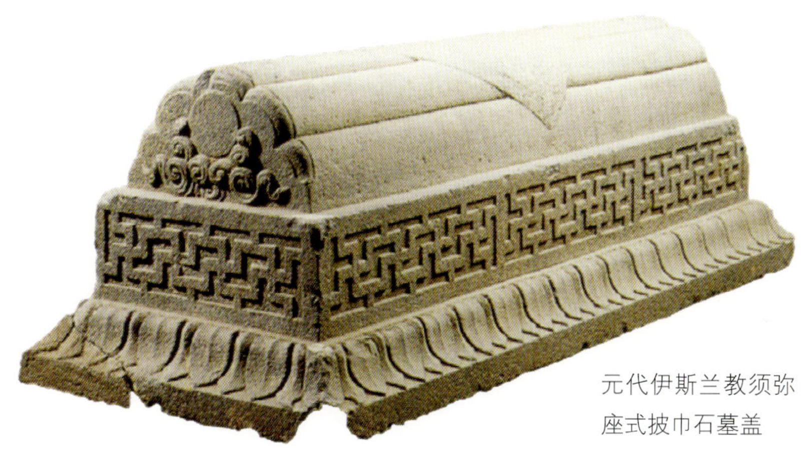

元代伊斯兰教须弥座式披巾石墓盖

元代伊斯兰教须弥座式披巾石墓盖局部

除了上面提到的塔式石墓外，泉州还有一种祭坛式石墓，这可从留存下来的许多挡垛石得到印证。吴文良曾就此复原出束腰祭坛式石墓的线描图，整个石墓一般由数十方辉绿岩或花岗岩石头雕琢堆砌而成。墓顶正中竖立尖拱形墓碑，多为云捧月样式，月中刻有阿拉伯文，内容多记载墓主姓名及生卒年月或《古兰经》片段。墓座呈长方形祭坛样式，上下石板伸出，过渡处为莲瓣或覆莲瓣纹，中部束腰部分由三至五方挡垛石组成，上刻阿拉伯文或云月纹饰，每方挡垛石衔接处饰以间柱隔断，往下雕刻云纹或缠枝花卉纹，最底层由六座如意纹足支撑。

束腰祭坛式石墓复原线描图

元代伊斯兰教杜安沙挡垛石

元代伊斯兰教布哈拉人挡垛石

1966 年，在泉州市内基建工地发现了两块挡垛石，分别是元代伊斯兰教杜安沙挡垛石与元代伊斯兰教布哈拉人挡垛石，陈达生先生根据阿拉伯文所刻姓名、籍贯及书法，认为应该与艾密尔·塞典赤·杜安沙墓碑为同一墓葬出土，只是由于历史变迁分散开了。“杜安沙”（Toghan-shah）是一个突厥语、波斯语混合的名字。Toghan 在突厥语中指的是“鹰”，shah 是波斯语“王”的意思，合在一起即是“鹰王”。塞典赤则是圣裔所特有的尊称。从墓碑释文中，我们知道墓主来自布哈拉，即今乌兹别克斯坦布哈拉市，这里曾经是中世纪著名的贸易城市与伊斯兰学术重镇。

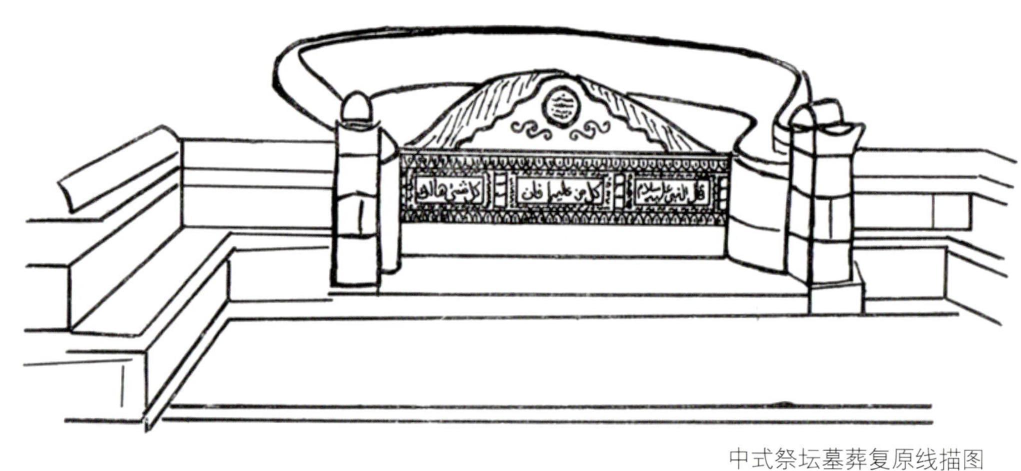

中式祭坛墓葬复原线描图

陈达生先生根据墓石构件与田野调查，复原出另一种样式的中式祭坛墓葬，即伊斯兰风格与中国传统墓葬形制相结合的新形式。其墓葬形制由墓圈、墓手、望柱、堆土、祭坛、等腰梯形墓碑、挡垛石刻等构成。与束腰祭坛式石墓相似，挡垛石也是放置于束腰部位，等腰梯形墓碑则靠在堆土前。

在保留下来的阿拉伯后裔陈埭丁氏墓葬样式中，也能发现阿拉伯葬式与中国墓葬形制相结合的情况。以陈埭丁氏五世祖丁福保暨施氏塔式石墓盖来看，石墓盖为阿拉伯样式，不过就整体环境来说，则已融入汉人墓葬样式中，既有马蹄形的墓圈，也有墓手、望柱、石鼓、汉文墓碑，这也可以看作双方文化交融的一种典型墓式景观。

陈埭丁氏五世祖丁福保暨施氏塔式石墓盖

除了这些雕琢精细的石墓盖外，在展厅外面的草地上还有几座只是粗胚模样的石墓盖。显然，它们有的只是刚凿出外形，有的已经开始加工底座，这些都是在涂门街尾端发掘出土的，或许当时在这附近就曾经有过这么一处地方，是专门打制加工石墓盖的石工作坊。不过从现存石墓盖的数量来看，宋元两朝的数百年间，这种石工作坊一定不止一处，可能当时的泉州城内就有好几处，而这些未完工的石墓盖，或许就是朝代更迭间被匠人遗忘后弃置的。

泉州海外交通史博物馆草地上的石墓盖粗胚石料

在伊斯兰教陈列馆展厅内，有几方既刻有阿拉伯文，又刻有汉字的墓碑最为引人注目。这块墓碑花岗岩质地，顶部削平，上窄下宽，阴刻有 6 行阿拉伯文，在第 5 行与第 6 行之间，刻有“蕃客墓”三个汉字，是 1965 年在泉州东岳山西坡金厝围东南角出土的。阿拉伯文的译文内容是：“碑文：‘以前和以后，凡事归真主主持。’伊本·奥贝德拉·□□·穆罕默德·本·哈桑的坟墓……”显然，这块墓碑的汉字写得并不高明，单单这简短的“蕃客墓”三个字，“客”字就多写了一点，“墓”字又多加了一竖，倒是阿拉伯文写得十分流畅。或许这位给伊本·奥贝德拉撰写墓碑的人，也是来泉居住不久的侨民，初习了汉字，也略通点文墨，就模仿汉人墓碑，在阿拉伯文间加上了这么三个字，而从另一个角度来看，拙朴天真的笔意间，也折射出那个年代文化交流的一个生动场面。

“蕃客墓”墓碑石

1940 年和 1956 年，在泉州津头埔先后出土了两方双面都刻有文字的墓碑。通过解读发现，1940 年的这方墓碑是吴应斗为其父亲奈纳・穆罕默德・本・阿卜杜拉竖立的。碑文汉文内容是：“先君生于戊辰十二月初九日，卒于癸卯二月初七日，享年三十六岁。安葬于此。时大德七年七月初一日，孤子吴应斗泣血谨志。”阿拉伯文译文：“我们确是真主所有的，我们必定只归依他。这是罪人奈纳・穆罕默德・本・阿卜杜拉，即众所周知的……之墓。他祈望真主的怜悯和宽恕。……”从碑文的书写与语法的运用上，很明显，这位自称吴应斗的人汉文水平比撰写“蕃客墓”墓碑的人已高出许多，而且还为自己取了一个汉人的名字。作为“土生蕃客”，看得出其已经开始融入泉州当地的汉人生活中去了。

奈纳・穆罕默德双面墓碑石

艾哈玛德双面墓碑石

1956 年出土的这方则是阿含抹为其父亲艾哈玛德所立的墓碑，同时提到艾哈玛德家族母亲是来自于刺桐城，即泉州。虽然我们已无从知晓这位家族母亲叫什么名字，但很重要的是阿含抹显然为其身上流有刺桐城人氏的血而感到骄傲。这通墓碑的汉文原文是：“先君生于壬辰六月二十三日申时。享年三十岁。于至治辛酉九月二十五日卒，遂葬于此。旹至治二年岁次壬戌七月□日，男阿含抹谨志。”阿拉伯文译文为：“人人都有尝死的滋味。艾哈玛德·本·和加·哈吉姆·艾勒德死于艾哈玛德家族母亲的城市——刺桐城。生于（伊斯兰教历）692 年即龙年。享年三十岁。”

1965年，在泉州南校场出土了一方波斯夫妇合葬的墓碑。该碑双面阴刻文字，正面上部刻两竖行汉字“黄公墓、百氏坟”，下面刻三行阿拉伯文、波斯文的混合文字，背面分成六横格，刻阿拉伯文。正面三行阿拉伯文译文为：“乌姆·百耶尔和伊本……于迁移纪念715年（1315）”；背面六行阿拉伯文译文为：“奉至仁至慈的真主之名。人人都要尝死的滋味。在复活日，你们才得享受你们的完全的报酬。谁得远离火狱，而入乐园，谁已成功。今世的生活，只是虚幻的享受。”作为开始融入泉州社会的番客，他们为自己取了汉人的姓——黄、百，这也是当时中外文化相互认同与交融的典型案例。

黄公墓、百氏坟墓碑石

潘总领墓碑石

在刻有汉字的墓碑中，我们还发现有两方的主人是有一定官职的，分别是潘总领墓碑石与永春县达鲁花赤墓碑石。这方刻有“潘总领”的墓碑顶部呈尖拱状，雕刻边框，框内阴刻四行阿拉伯文，碑下部扁宽，两侧阴刻汉文：“潘总领四月初一日身亡。”阿拉伯文译文为：“除他的本体外，万物都要毁灭。判决只由他作出，你们只被召归于他。”关于总领的具体所指官职是什么我们已不得而知，不过应该是在当时泉州地方军事司法机构的范畴内。

这方刻有汉字“奉训大夫永春县达鲁……”的墓碑，是1939年在泉州仁风门外池塘中出土的。该墓碑顶部呈尖拱状，底部残缺，双面均雕刻有文字。在另一面刻波浪状的图案边框，框内浮雕四行阿拉伯文，译文是：“除他的本体外，万物都要毁灭。先知（愿他平安）说‘死于异乡者，即为壮烈之死。他脱离了虚幻之世进入乐园，到达至高无上真主的慈恩之下’。尊贵的长官，是一位献身宗教者，艾密尔……亡于……”汉文中提到的“奉训大夫”，即元朝的文散官名，从五品。“达鲁花赤”为蒙古语，原意为“掌印者”，相当于地方的监治或镇守，又被称为“监临官”或者“宣差”。有元一代，中央下属各地方的路、府、州、县等均设有“达鲁花赤”一职，作为地方最高行政长官。元世祖至元二年（1265）就曾下令：“以蒙古人充各路达鲁花赤，汉人充总管，回回人充同知，永为定制。”从碑文中我们可以得知墓主即永春县地方长官，其族属若非蒙古人，至少也是色目人，而在元代，阿拉伯人和波斯人即被归入色目人，或许墓主是阿拉伯人也说不定。

奉训大夫永春县达鲁花赤双面墓碑石

侯赛因·本·穆罕默德·哈提拉墓碑石

曼苏尔墓碑石

除了上面展示的几方用汉文与阿拉伯文两种文字书写的墓碑外，其他可见的留存下来的墓碑更多的是以阿拉伯文书写后凿刻的。通过学者的解读翻译，这些墓碑的主人既有来自伊斯法罕、布哈拉、花剌子模、设拉子、大不里士、希拉提、哈马丹、忽鲁谟斯、贾杰鲁米、阿尔达比勒，也有来自亚美尼亚、撒那威、耶路撒冷、帖哈麦、也门、阿比扬、巴拉沙衮、尼萨等地。

1965 年在泉州市基建工地上发现了一块顶部残缺、碑面粗糙、单面阴刻六行阿拉伯文字的墓碑，经辨识，这是宋乾道七年(1171)侯赛因·本·穆罕默德·哈提拉的墓碑石，哈提拉也就是中亚古国亚美尼亚的首府。

早在 1930 年拆泉州仁风门时，曾发现了一块顶部呈尖拱状，除边缘稍有磨损外，全碑基本完整的墓碑。该碑双面浮雕阿拉伯文，正面刻七行，背面刻六行。经释读，墓主是来自波斯北部塞姆省贾杰鲁米城的曼苏尔，立碑时间为宋景炎二年（1277）。

“客死他乡是殉道者。这是阿卜杜拉·本·里都万长老的墓园。”墓碑的时间是伊斯兰教历 626 年即公元 1229 年，为南宋理宗绍定二年。从墓主人的名字看，他是一位阿拉伯人，但是具体国籍、职业、身份没有注明。仅凭“长老”二字，无法判断其身份，也许是当时泉州侨民中的一位侨领，也许就是一位老人。

阿卜杜拉·本·里都万长老墓碑

“这是最尊贵、伟大、受人尊敬的殉教者——哈只·本·艾欧伯克·本·哈只·玛利卡。”这位朝觐过圣地麦加的伊斯兰教徒来自土耳其。

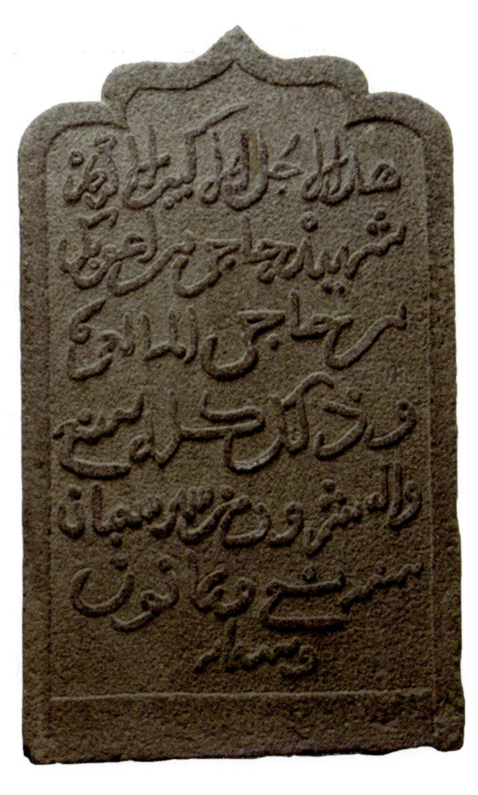

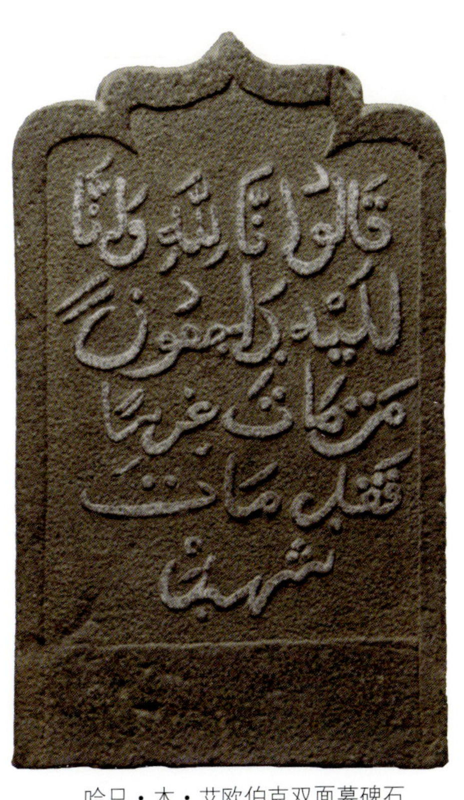

哈只·本·艾欧伯克双面墓碑石

伊本·德贾伯墓碑石

“伊本·德贾伯·本·易斯法哈沙莱尔·耶拉雪古尼，他是一位尊贵的长老，颇有善行，被赞美的，被宽恕的，受到无限的尊重，他以献身于宗教的美德而获成功。”显然，这是一位在泉州传教的长老，他来自吉尔吉斯斯坦。

来自布哈拉的艾密尔·赛典赤·杜安沙，其曾祖父则是一位将领，并享有圣裔的称号。

艾密尔·赛典赤·杜安沙双面墓碑石

瞻思丁・本・努尔丁双面墓碑石

这位名字为瞻思丁・本・努尔丁・本・易斯哈格・谢赫尔纳的人，来自波斯纳撒城。

“这是可爱的青年格兰脱・特勤・伊本・素丹汗的墓碑。”从其称呼中我们可以知晓这位青年有着高贵血统，因为“特勤”来源于波斯语，一般是有王子或贵族头衔的人才如此称呼，而“素丹”又是阿拉伯语中部落首领的音译，“汗”则是首领或地方总督的意思，可惜的是墓主英年早逝。

格兰脱・特勤墓碑石

“这是华惹慈姆汗·本·异乡烈士穆罕默德汗的墓。”华惹慈姆即花剌子模（Khorasm或Khwarizm），汗表示他是贵族身份。同样来自花剌子模的还有名叫“努冉萨·伊本·和加·巴拉德夏·伊本·和加·哈只·哈尔伯克·花剌子密”的人，而且从其名字构成上来看，其父亲名字为“巴拉德夏”，这在波斯语中有部落首领的意思，而其祖父还曾去圣地麦加朝觐过，因此可以冠以“哈只”的称号。花剌子模作为历史上中亚地区的著名古国，曾沟通起中国与阿拉伯、波斯、印度等国家和地区。

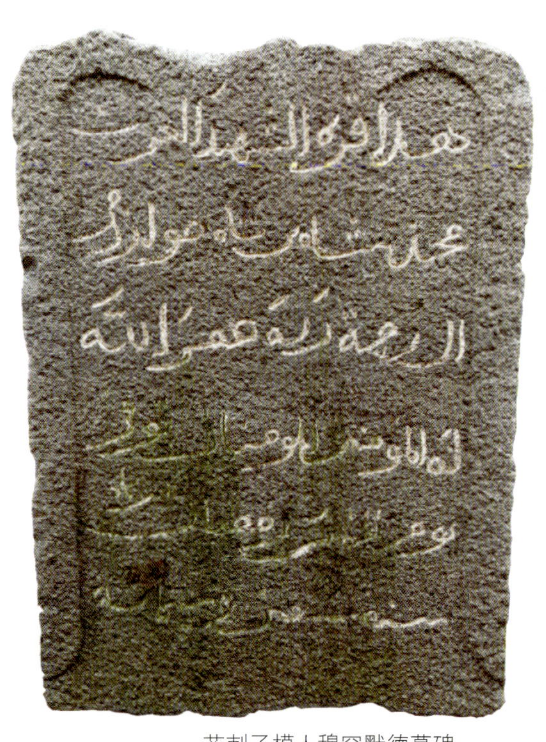

花剌子模人穆罕默德墓碑

努冉萨墓碑石

这位名叫“瞻思丁·穆罕默德·伊本·伊兹丁·大不里齐”的人，来自波斯即今伊朗的大不里士。大不里士位于伊朗西北部，是当时波斯西北农牧业的重要贸易中心，以织毯、制革等手工业著名。

而这位“幸运的烈士，纳鲁旺·巴那·本·葛希姆·伊斯法罕尼和加·阿里·本·奥斯曼·凯兰尼”，则是来自中世纪波斯著名的商业城市伊斯法罕。同样名字中带有“凯兰尼”的“和加·阿里·本·奥斯曼·凯兰尼”，则很可能是一位有学问的人、有财富的人或者宗教长者，因为“和加”在波斯语中就有这些指称的涵义，代表着一种尊称。

瞻思丁·穆罕默德墓碑石

和加·阿里墓碑石

纳鲁旺·巴那墓碑石

穆萨之女法蒂玛墓垛石

海迪杰墓碑

在泉州留存下来的阿拉伯文墓碑中，也有许多是女性的。这位被称为“穆萨之女法蒂玛”的人，来自那图斯即那布鲁斯（Nabrus），这是地中海东岸的贸易港口，位于贝鲁特与耶路撒冷之间，东邻大马士革。

这位“在穆历736年（1335）10月的一个夜晚，由虚幻的尘世到达幸福的世界，到达赦人的真主慈爱的一边”的名叫海迪杰的人，则是“故宰相帖哈麦人赛尔屯·丁先生的女儿”。帖哈麦即伊朗首都德黑兰，位于波斯北部厄尔布鲁士山南麓平原地区，以产瓷器、毛毡著名。故宰相赛尔屯·丁疑为波斯合赞王于1298年任命的丞相撒都丁（Sa'd-ud-din），1304年合赞王病逝，其弟完者都继位。1312年完者都杀害丞相撒都丁，墓主海迪杰可能是因为父亲被杀害后随客商航海来到泉州，而后卒葬于此的。

哈米德丁之女法蒂玛墓石构件

这方刻有“这是异乡人哈铎惹人哈米德丁女儿法蒂玛的墓”的墓碑石，据传是清末夏姓人开掘园圃所获，哈铎惹（Hadula）即土耳其东南部的大都市阿达纳，地邻地中海，塞浦路斯岛在其西南方向。墓主可能航海来泉州，后卒葬于此。

“这是被宽恕的母亲之墓，她已抵达至高无上真主的慈恩之下。她是赛义德·布尔托玛·本·赛义德·穆罕默德·哈姆丹尼之女。”通过“赛义德”的称呼，可以知道这位叫作布尔托玛的女性有着圣裔的血统。

赛义德·布尔托玛女儿的墓碑石

赫底澈・宾・番夏墓碑石

这位在星期日黎明去世的赫底澈・宾・番夏，身份颇为尊贵，因为“番夏”又有番王的意思，在波斯语中，番夏（fan-shah）的 fan 是名，shah 是波斯语的“王”。而这位名叫“茜琳哈通・宾・哈桑苏拉”的女性则是在斋月去世的。这两方碑刻中都同样带有“宾”字，亦即“女儿”的意思。

茜琳哈通・宾・哈桑苏拉双面墓碑石

在泉州发现的阿拉伯墓碑石中，有一方也很特别，这就是名叫“艾密尔·吐葛逊·艾密尔·阿里·本·哈桑·本·阿里·古鲁西”的人，之所以特别，除了墓主是卒于伊斯兰教历772年斋月主麻日外，还在于这是目前唯一一方除了双面刻字外，还在侧面也刻有阿拉伯文的墓碑。

从留存下来的碑铭所显示的时间来看，宋代的较为少见，大部分墓碑所记年代集中在元代，由此可以推测宋代来泉州的穆斯林大多属于流动人口，他们或者是季节性来泉州经商的商人，或者是慕名而来的旅行者，或者是短期的传教士。而到了元代，许多穆斯林定居下来了。时至今日，我们已无从知晓宋元时期往来于泉州城的阿拉伯、波斯人有多少，也不知后来又有多少人长眠于此，更不知有多少墓葬湮没于历史的风尘中。然而，即使只是这幸存下来的数百方石刻，已足以证明当时中国与阿拉伯、波斯世界之间互动交流的紧密。

艾密尔·吐葛逊双面墓碑石

第二节　邵武、福州的伊斯兰教墓葬

相对于泉州较为丰富的历史遗迹与墓碑文物来说，邵武与福州的伊斯兰教墓葬则要少得多。不过经过相关学者的探访，在山野间仍寻得一些历史遗存。

地处闽北的邵武，曾广泛流传着“回回半边城”的俗谚，现在此地除了留存下来的清真寺外，在被称为“回龙山”的山上，于山势起伏间，至今仍保留着数百座穆斯林墓葬。

邵武回民公墓

由于历史的变迁，现在我们所能看到的基本都是清代以来的坟墓，其中又有很大一部分是中华人民共和国成立以后才修造的。据闻此山元明间坟墓甚难寻觅的原因，是因为经过多次迁葬所致。或许是经过岁月的洗礼，或许是墓主来源地的差异，邵武穆斯林的坟墓与泉州保存下来的墓葬有着明显的区别。

从现有留存下来的墓葬来看，邵武穆斯林墓葬形制相对简单，有些只是垒起一个简易的土堆，有些则有使用石条，但即使如此，也未有如泉州的石墓盖一般，刻有繁复的图案及阿拉伯文字。中华人民共和国成立后设立的回族公墓，也是借鉴了汉族马蹄形墓葬的样式，墓碑上端刻有阿拉伯文，碑正中刻着“回民公墓”，左下方刻“邵武清真寺公立”，墓碑上有墓盖，雕刻葫芦画案。

邵武回民公墓墓碑

在福州西湖附近的象山北麓井边亭村边，有一处被称为“清真总墓”的小山，这里就是福州穆斯林的公墓区。从保存下来的墓葬形制及墓碑来看，除了少数明代的墓外，大多数墓碑都是清代的，一些碑首刻有阿拉伯文，一些则凿刻“清真”二字，以彰显其来源及信仰。至今，墓区中有 48 座清代墓葬保存比较完好。

最为引人注意的，是这里的一座被称为“圣人墓”的元代墓葬。该墓冢之上有砖石结构墓亭，坐北朝南，为方形底基。墓亭基部由花岗岩叠砌而成，其上则由大块长方形青砖砌造，靠近屋檐处改由小块青砖叠砌，屋顶为单檐歇山顶。

福州象山穆斯林公墓区大门

福州穆斯林墓葬形制

近代福州穆斯林墓

“圣人墓”墓亭

墓亭四面均开有拱形石门，拱券由13块条石砌成。从石门框及门楣的阿拉伯文内容我们可以了解到，墓主是归真于元大德十年 (1306) 的著名伊斯兰教传教士伊本·玛尔贾德·艾米尔·阿莱丁，福州的这片穆斯林公墓，很可能就是由他开创的。

据陈达生释读，墓亭南门上辉绿岩尖拱形碑刻所刻内容为：“尘世之生命十分短暂，我们都要回归坟墓。一位国王每日在召唤，去死亡建设在废墟上吧。伊本·玛尔贾德·艾米尔·阿莱丁卒于回历 705 年（1305—1306）……于回历 903 年（1497—1498）重修。”在此碑刻下又有阿拉伯文门楣石，译文为：“死亡对人类的判决是临近的，这个现世并非永居之宅第。”在南门拱形石券上的墙壁上，还嵌有一方清代重修墓亭碑刻，阴刻汉文三行，内容为：“乾隆二年岁次丁巳季春吉旦。特简福建台澎水陆等处地方挂印总兵官，署都督佥事，仍带记录一次，陕西、宁夏马骥捐资重修。”

墓亭南门上的辉绿岩尖拱形碑刻

清乾隆二年（1737）马骥重修碑刻

北门上的花岗岩尖拱形石碑

在北门上的花岗岩尖拱形石碑上，同样也凿刻着阿拉伯文，其译文为："至高无上的真主说，凡是生灵都要尝死的滋味……艾米尔·阿莱丁亡于回历705年11月20日（1306年6月3日），星期五。愿真主照耀他的墓穴。我（真主）以此创造了你们，使你们重归于我，并给你们以末日的审判。"由于东、西门楣上的阿拉伯文碑刻剥蚀严重，字迹已漫漶不清，只知所刻为四行诗格式，内容已无法辨读。

在墓亭内部北墙上，也有一块横匾，内容为"西域武公舍黑之墓"。在亭内正中，有阶梯状花岗岩石墓，分为三层，即伊本·玛尔贾德·艾米尔·阿莱丁墓冢。从石墓盖的形制来看，应属元代遗物，而就碑刻内容来说，墓亭在明清两代都有过修缮。1983年，福州市人民政府将此墓定为第二批市级文物保护单位，又对坟墓进行了修葺。

伊本·玛尔贾德·艾米尔·阿莱丁墓冢

亭内北墙上的"西域武公舍黑之墓"

第四章
祖先记忆——穆斯林后裔在泉州

随着海外贸易的勃兴及海上航路的开辟，许多阿拉伯人、波斯人经由海上丝绸之路来到福建的沿海城市，其中有部分阿拉伯人、波斯人因贸易、文化等因素在福建定居下来，并聚族而居。随着朝代更迭，福州等地已很难寻觅到阿拉伯人后裔，而在泉州，则尚能寻得一些阿拉伯、波斯穆斯林后裔家族。

在泉州穆斯林后裔家族中，蒲、丁、郭三姓人数最多，在历史变迁中也逐渐形成较具特色的聚居区，至今尤以永春县达埔镇蒲氏、晋江陈埭丁氏及惠安百崎郭氏最为世人所熟知。这些穆斯林后裔家族在数百年间，虽然也在不断融入泉州本土文化，但与此同时也试图保持着其固有的文化传统。

第一节　泉州蒲氏家族

蒲寿庚家族是宋元时期泉州地方社会最具影响力的穆斯林家族，蒲寿庚这个有着阿拉伯血统的海商巨贾，其先祖最初从西域沿海路迁徙侨居占城，后又转至广州并定居下来，“总诸蕃互市”，豪富甲两广。到了其父亲蒲开宗这一代时，泉州港逐渐繁盛起来，为了便于进行海外商业贸易活动，蒲家由广州迁来泉州，蒲寿庚兄弟也成为后来宋元鼎革间泉州地方举足轻重的人物，影响了地方政局的演变。

蒲开宗来到泉州后，为了得到地方官的支持与认可，积极参与到泉州地方的公益事务中。南宋绍定六年（1233）他出资重建了太守倪公祠，淳祐三年（1243）又重修了龙津桥，淳祐六年（1246）重建了长溪桥，这既在一定程度上为他博得了好名声，同时也为其子蒲寿宬、蒲寿庚兄弟日后参与泉州地方事务打下了基础。

蒲开宗曾重修的龙津桥、长溪桥（今景）

《闽书》记载:“蒲寿庚，其先西域人，总诸蕃互市，居广州，至寿庚父开宗徙于泉。”蒲寿庚于南宋末曾提举泉州市舶司，总揽泉州对外贸易的大权。在王磐的《藁城令董文炳遗爱碑》中就写道:“泉州太守蒲寿庚者，本西域人，以善贾往来海上，致产巨万，家僮数千。”在《董文炳神道碑》中也提到:“太守蒲寿庚者来降。寿庚本回纥人，以海舶为业，家资累巨万计，南海蛮夷诸国莫不畏服。”

蒲氏家族拥有大量海船，且与海外商贸往来密切，这为蒲氏一族积累了丰厚的财富。蒲寿庚得以参与到地方政治中，缘于南宋咸淳十年（1274）与其兄蒲寿宬率领船队打败了侵扰泉州的海寇，正是由于平定海寇有功，使他得以授官福建安抚沿海都制置使，担起“肃清海道，节制水军”的任务，后又授福建、广东招抚使，兼领闽广两省海舶。

宋端宗景炎元年（1276），蒲寿庚降元。据《八闽通志》记载:“元以寿庚之功，授官平章，开平海省于泉州。”蒲寿庚雄厚的海上实力与显赫的权力，使其家族不仅成为当时富甲泉州城的巨贾，而且在地方取得政治话语权。有元一代，蒲氏家族始终是泉州海外贸易的显赫家族。宋元鼎革之际，泉州港也因蒲氏降元而未受到太大的战火影响，且元政权采取了积极的对外贸易政策，泉州港在这一时期达到极盛。日本学者桑原骘藏就评价称:“泉州商业之繁盛，驾广州而过之。及元初，被称为世界一大贸易港。”

桑原骘藏《蒲寿庚考》中译本书影

据民间传说，蒲寿庚活动遗迹遍布市区各处，相传在泉州城南一带，以现在街道来看，东自东鲁巷，西至大隘门，南抵南菜市场，北达涂门街，周围约三百亩的地界，均为当时蒲寿庚的府邸。今日视之，仍保留下许多与其府邸相关的地名，如棋盘园、半蒲街、大隘门、关刀池、花园头、东鲁巷、讲武巷、灶仔巷、待礼巷、蒲门祠、三十二间，几乎覆盖大半个泉州城，由此可以想象宋元时期蒲氏家族拥有

《重建清源纯阳洞记》碑刻

《心泉学诗稿》书影

的权势和财富。宣武巷，传为其训练家兵之地；番佛寺，传为其婿佛莲所建的印度教寺庙；灶仔巷，传为蒲家厨房所在；东鲁路，为蒲氏弟子私塾；花园头，为蒲家花园。

除市区保留了这些与蒲寿庚相关的地名外，在清源山及法石等地，也有蒲氏家族活动的遗迹。在清源山纯阳洞，有一段凿刻于元顺帝至元四年（1338）的摩崖题刻《重建清源纯阳洞记》，记云："宋季兹山悉毁……我朝至元十有八载，四松僧法昙抚迹吁悼而谋兴复。适心泉蒲公同其弟海云平章协力捐财以资之，规则比于曩时，无虑千百……复得信斋万户孙公、心泉之孙一卿蒲公相与辑事，故能若是。"这段题刻也佐证了《八闽通志》中提到蒲寿庚曾担任行省平章政事一职的记载。

石刻中提到的心泉蒲公，指的正是蒲寿庚的哥哥蒲寿宬，他不仅担任过梅州知州，而且雅好诗文，有《心泉学诗稿》存世，这一方面体现了其自身的诗赋成就，同时从另一方面也可以看出阿拉伯人正积极学习吸收汉文化，以此作为与汉人士大夫交往的一种方式。这方碑记也从一个侧面体现了泉州多元文化的交融与和谐共处。

海印寺

海印寺望海楼，位于法石村宝觉山上，俯临石头街。始建于宋代，初名海印室，几经兴废，历代皆有重修。史称蒲寿庚于此建海云楼以望海舶，由此可知此楼的作用主要是为蒲寿庚瞭望海舶进出港口而建。

元朝末年，爆发了长达十年之久的亦思巴奚战争，彻底改变了泉州原有的地方政局，居住于泉州的阿拉伯人纷纷离去。那些来不及离开泉州的阿拉伯后裔则远离城市，走避乡村，这其中也包括蒲寿庚后裔。在明朝初年，政府更制定了蒲寿庚子孙不得读书入仕的政策，由此蒲氏后裔要么改姓，要么转换职业，曾经煊赫一时的蒲氏家族归于沉寂。

蒲氏祠堂

蒲氏祖牌位

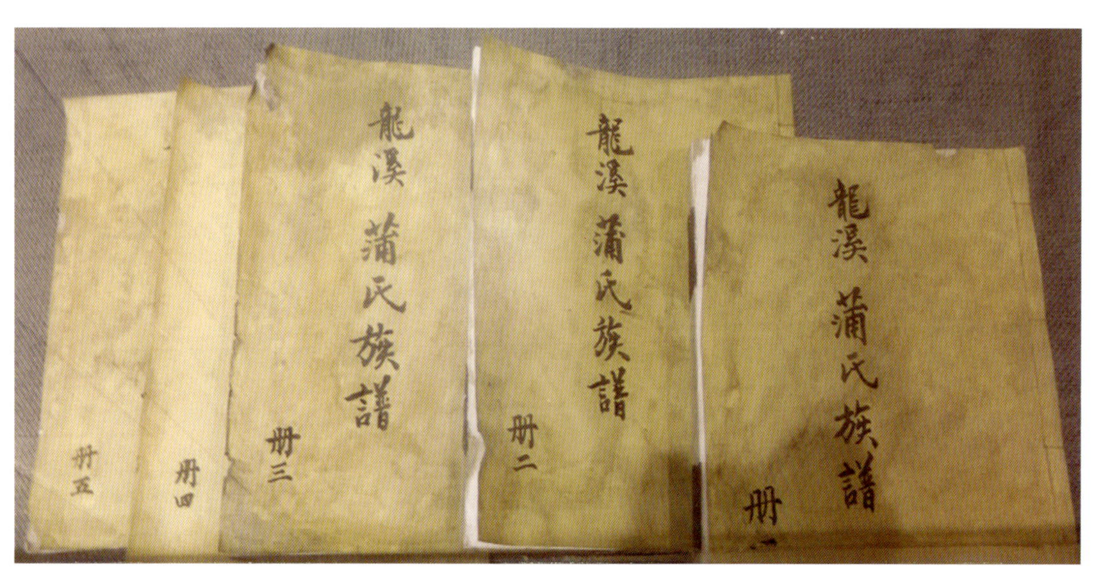

蒲氏族谱

据调查，蒲氏后裔于明清时期分布在泉州市区、晋江、永春、安溪、德化、福州、漳浦、诏安及省外的诸多地方，这些散居各地的蒲氏族人通过学习汉人族谱的方式，记录着世系的变迁。正如“谱序”所记：“吾蒲氏，河东角音原有扈之苗裔也，家居西拯池上，生蒲长三尺，如竹，时人皆以为瑞，因以为氏。世秉清真教。天下蒲姓皆一脉。”同时还在房屋上嵌着刻有“河东衍派”“河东发祥”等堂号的匾额。

蒲氏“河东衍派”堂号

由于香料的制作和贸易是这个家族的主要经营产业，所以这些迁播出去的蒲氏后人，仍然承袭祖先种花和制作香料的传统。在泉州市云麓村，居住有卜姓人，据传为蒲寿宬后裔，他们为避元末明初的反蒲运动，改蒲为卜，并以栽植素馨花为业，而且还有一种特殊的风俗习惯，即用香料、香花敬奉祖先。他们种植的茉莉花和素馨花是从阿拉伯地区移植来的，主要用来加工成香料。

“礼佛之人皆知晓，永春香品质上乘。”泉州永春素以出产祭祀、供神所用的篾香而闻名海内外。位于永春县达埔镇汉口村的蒲氏家族，其开基祖是泉州蒲氏十三世蒲世茂，于明代后期从泉州迁至该地，至今已传下十几代子孙。他们以制作香料为业，并有部分族人出洋到越南做香料贸易。

20 世纪 40 年代，永春蒲氏人家还到永春县五里街开设“蒲庆兰香室”，专门成批制作篾香，销往港澳地区及马来西亚、印度尼西亚、越南等国。如今，永春五里街“蒲庆兰香室”仍保存香壶、碾槽等数代祖传的制作香料的器具。目前，达埔镇汉口村仍有蒲姓人家 20 多户，均以制篾香为业。此外，位于德化县城的“玉兰堂香室”，经营店铺的蒲姓人家相传是从永春移居来的。

今天，福建永春已经与福建厦门翔安、河北清苑、广东新会共同成为中国四大制香基地，永春县达埔镇还因制香历史悠久，香业经济繁荣，赢得了“中国香都”的美誉。

“蒲庆兰香室”金字招牌

“庆兰香局”印章

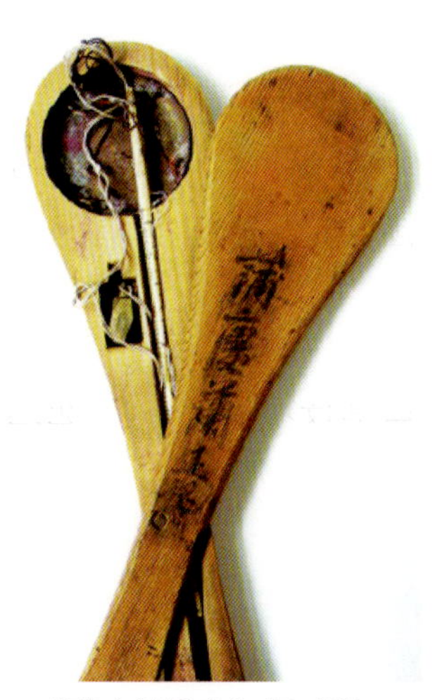
“蒲庆兰香室”旧时秤

第二节 陈埭丁氏家族

七百多年前，丁氏先民踏着海上丝绸之路自西亚而来，凭借着善于经商的能力，将伊斯兰文化与汉文化相互交融与结合，形成了一个汉文化与伊斯兰文化相互交织的独特群体——丁氏回族。

丁氏家族的主要聚居地，位于福建省晋江市陈埭镇，现有丁氏族人 20 000 多人，分布在江头、岸兜、溪边、四境、花厅口、鹏头、西坂 7 个行政村，号称“万人丁”。陈埭，又名陈江，此地原是近海的一片滩涂，至五代陈洪进时才令民筑埭围海垦殖。据《泉州府志》“水利·陈埭”条记载:“陈埭,（五代）陈洪进所筑，其埭最大，合南浦诸水为陡门，通归于大海，南洋田多仰焉。”

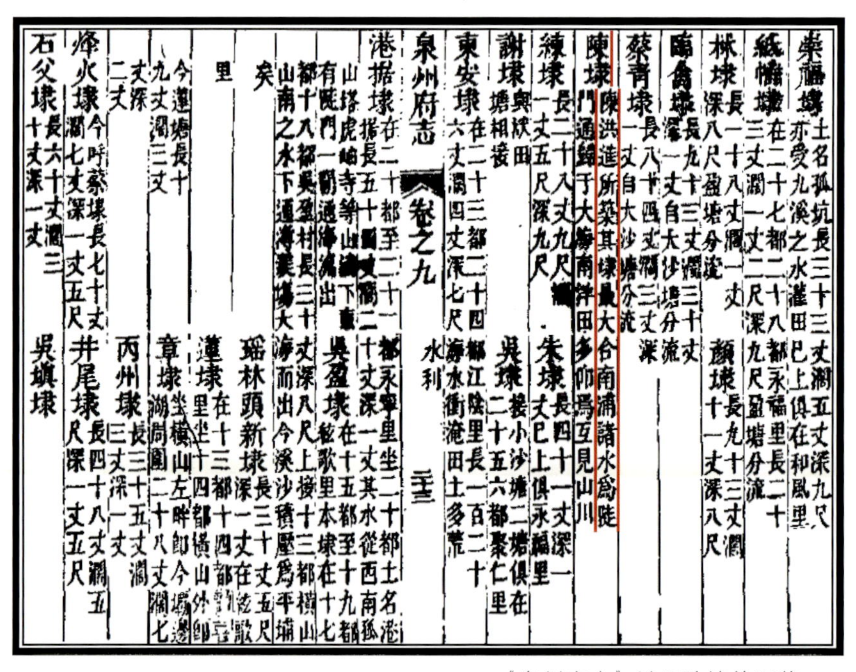

[illegible]藤埭 土名孤坑長三十三丈濶五丈深九尺 亦受九溪之水灌田已上俱在和風里

紙幡埭 在二十七都二十八都永福里長二十三丈濶一丈二尺深九尺盈塘分流

林埭 長一十八丈濶一丈深八尺盈塘分流

顏埭 長九十三丈濶十一丈深八尺

臨[illegible]埭 長九十三丈濶三十丈[illegible]一丈自大沙塘分流

蔡青埭 長八十四丈濶三丈深一丈自大沙塘分流

陳埭 陳洪進所築其埭最大合南浦諸水爲陡門通歸于大海南洋田多仰焉互見山川

練埭 長二十八丈九尺[illegible]一丈五尺深九尺

朱埭 長四十一丈深一丈已上俱永福里

謝埭 與狀田塘相接

吳埭 接小沙塘二塘俱在二十五六都聚仁里

東安埭 在二十三都二十四都江陰里長一百二十六丈濶四丈深七尺海水衝淹田土多荒

泉州府志 卷之九 水利 三三

港搖埭 在二十都至二十一都永寧里坐二十都土名港搖長五十[illegible]丈濶二十丈深一丈其水從西南孤山搭虎岫寺等山[illegible]下[illegible]有旣門一[illegible]通海流出

吳盈埭 在十五都至十九都舷歌里本埭在十七都十八都吳盈村長三十丈深八尺上接十三都橫山山南之水下通海[illegible]大海而出今溪沙積壓爲平埔矣

瑤林頭新埭 長三十丈五尺深一丈在[illegible]

蓮埭 在十三都十四都里坐十四都[illegible]山外即[illegible]里

章埭 坐橫山左畔即今塘邊湖尚園二十八丈濶七 今蓮塘長十九丈濶三丈

丙州埭 長三十五丈濶三丈深一丈 丈深二丈

烽火埭 今呼蔡埭長七十丈濶七丈深一丈五尺

井尾埭 長四十八丈濶五尺深一丈五尺

石父埭 長六十丈濶三十丈深一丈

吳塡埭

《泉州府志》关于陈埭的记载

“陈埭万人丁”匾

在20世纪以前，丁氏族人多以渔农为生，尤以蛏苗养殖业和咸草编织业最为著名。丁氏族谱记载：“吾族丁氏，肇基于始祖节斋公，由姑苏行贾入泉，居于桐城之文山里，递传三世，至硕德公，徙居陈江，子孙蕃衍，文物蔚起。”由此推断丁氏家族的祖先丁谨（号节斋），于宋末从苏州来泉州经商，元朝至正末，三世丁夔携子丁善移居陈埭，遂定居于此。

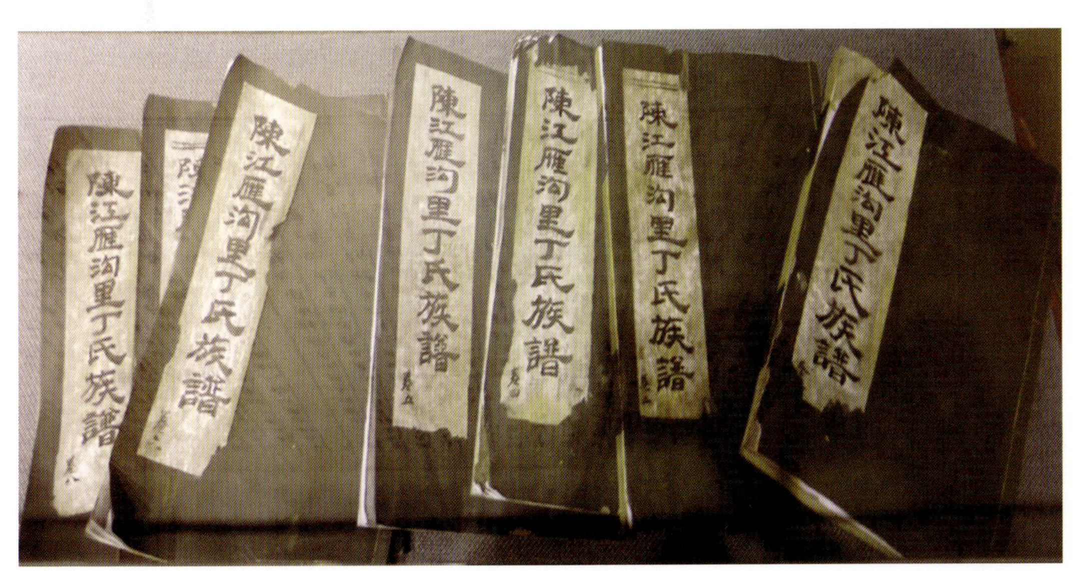

陈江雁沟里丁氏族谱

一世祖节斋公塑像

四世祖丁仁庵塑像

1940年，泉州宗教石刻研究专家吴文良在泉州城东门外发现陈埭始祖丁节斋的墓碑，据当地居民称，该碑是拆东门城基时被发现的。墓碑上部横刻“大元”二字，中竖刻“节斋丁公墓”，右下竖刻“泰定四年”，左下竖刻“冬十月立”，墓碑背面竖刻“葬于东塘头灵堂山之原”。从丁节斋自元初即已使用汉人姓名的情况来看，可知其先世已定居中国多年，而他作为“土生番客”或“半南番”，已经融入汉人社会里。此方墓碑现存放于丁氏宗祠内。

丁节斋墓碑

关于陈埭丁氏为伊斯兰教徒的认定，可从其族谱内的《祖教说》及祖教祭仪的记载中得到印证。在丁氏族谱的《祖教说》中，记载了该族所奉行的伊斯兰教及其丧葬习俗：“吾家自节斋公而上，其迁所自出，俱不得而详也。由其教而观之，敦乎若上世风气之未开然也，如殓不重衣，殡不以木，葬不过三日，封若马鬣，而浅哀以木棉，祀不设主，祭不列器，为会期日西，相率向西以拜天。岁月一斋，晨昏见星而食，竟日则枵腹，荐神惟香花，不设酒果，不焚楮帛，诵清经。……牲杀必自其屠而后食肉，食不以豚，恒沐浴，是不是不敢以交神明。”在祭规中，也同样不祀猪肉，而多以牛羊肉祀之。

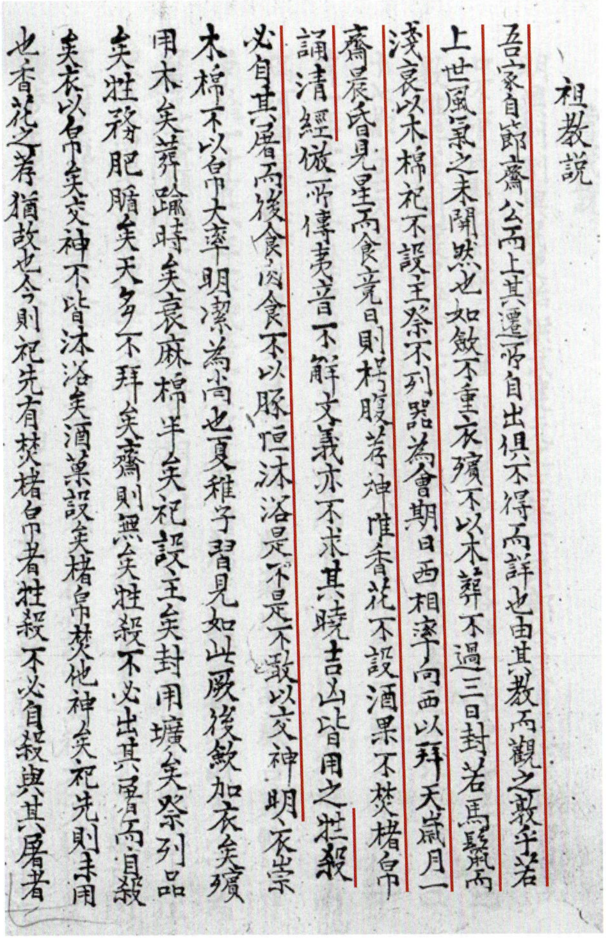
祖教說
吾家自節齋公而上其遷所自出俱不得而詳也由其教而觀之敦乎若
上世風氣之未開然也如斂不重衣殯不以木葬不過三日封若馬鬣而
淺哀以木棉祀不設主祭不列器為會期日西相率向西以拜天歲月一
齋晨昏見星而食竟日則枵腹薦神惟香花不設酒果不焚楮帛
誦清經儀所傳者音不解文義亦不求其曉吉凶皆用之牲殺
必自其屠而後食肉食不以豚恒沐浴是不是不敢以交神明不宗
木棉不以帛大率明潔為尚也夏稚子習見如此厥後斂加衣矣殯
用木矣葬踰時矣哀麻棉半矣祀設主矣封用壙矣祭列品
矣牲務肥腯矣天多不拜矣齋則無矣牲殺不必出其屠而自殺
矣衣以帛矣交神不皆沐浴矣酒菓設矣楮帛焚他神矣祀先則未用
也香花之薦猶故也今則祀先有焚楮帛者牲殺不必自殺與其屠者

《祖教说》书影

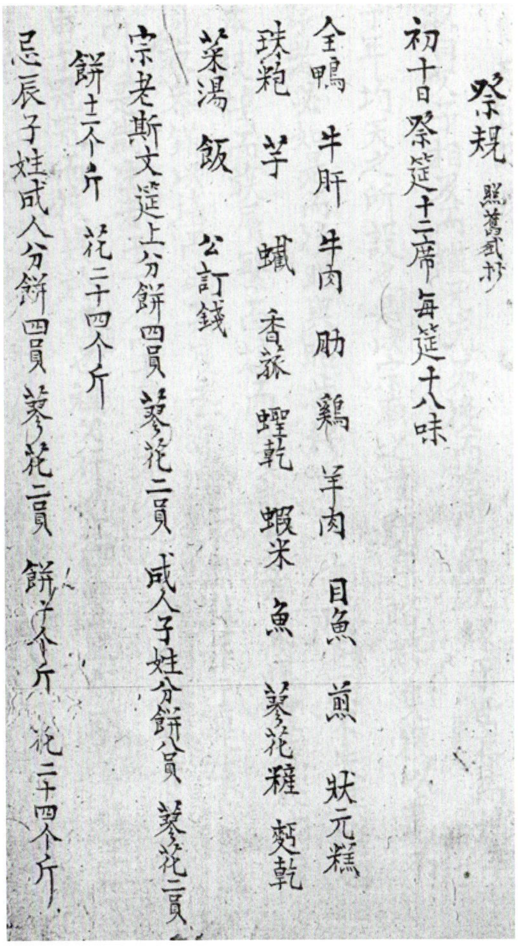
祭規　照舊式抄
初十日祭筵十二席每筵十八味
全鴨　牛肝　牛肉　肕　鷄　羊肉　目魚　煎　狀元糕
珠粑　芋　蠘　香菇　蟶乾　蝦米　魚　蓼花糬　麪乾
菜湯　飯　公訂錢
宗老斯文筵上分餅四員　蓼花二員　成人子姓分餅八員　蓼花二員
餅十二个斤　花二十四个斤
忌辰子姓成人分餅四員　蓼花二員　餅十二个斤　花二十四个斤

《祭规》书影

祭儀紀言

予家世舊矣於何家禮未定祖從回教也回教雖何不同剛毅不焚諸帛相率西向而拜我汾溪公首登仕籍以大夫之禮祀其先回教未敦有適嗣而梅江公午亭公哲初公三世聯登榜首家聲振矣回教雖衰乎息然於祖制未敢盡更雖時禮用九拜欲宗老燕子衿彬彬然有尚齒尚賢之風猗歟盛哉今回教已矣文物不振子孫罔忌過庭鮮詩禮之訓入廟無尊之思有乖祖訓殊失禮儀雁水姪假歸聞而憂之適值我汾房直祭商乎採文公家禮裁三獻以為家規夫禮之宜適宜一家哉禮明則分定則親親長長之義於是乎推斯舉也繼不敢云純備而承祖睦族之意亦可少伸萬一爾合將儀則其具列于左賽典赤回回瞻思丁氏遵文公家禮酌定春秋祭儀則紳衿宦裔行初獻禮取尚爵之義欲胙宗老行亞獻禮取尚齒之義宗姪宗子行終獻禮取繼禰之宗之義讀書子姓另行茶禮取獎勸後學之義前期三天齋戒習儀前期一天灑掃滌濯宰牲具饌屆期質盛服入祠供茶設位陳饌主祭到祠傳炮一聲陳饌舉傳炮二聲子姓祭舉傳炮三聲隨即行禮祭畢傳炮三聲

康熙三十八年己卯陽月十二世孫清撰

《祭仪纪言》书影

清康熙三十八年（1699），丁清又撰有丁氏族人关于祖教祭仪的记载——《祭仪纪言》，文中也多处提到其回回身份的认定。在《陈江雁沟里丁氏族谱·感纪旧闻》中，强调了丁氏先人与瞻思丁的关系：“我祖自节斋公而上……不知其所至也。嘉靖丙申……（伯父）出所藏毅祖手书……曰：赛典赤·瞻思丁，回回人。其国言‘赛典赤’，犹华言‘贵族’也。”

感紀舊聞

嘉靖丙申歲余方弱冠讀汾祖所遺族譜二序嗟其書之未就竊期以成其書從伯父諱傳字道厚者喜余之有斯志也出所藏毅祖手書楷一幅高尺許長幾二尺草書寸餘大百餘字紀吾家由來之系云余六起句曰由賽典赤回回瞻思丁云云當時見聞寡昧不識賽典赤何義云以意度其地番語難於史冊稽也繼閱郡志得瞻思丁乃元縣佐之官名丁若以官為氏也云究其佐執縣之人而祖之矣于是但依序中語斷以節齋公為始祖以上不復考其由來也故於賽典赤瞻思丁之云置而不究近得李氏因果錄讀之中載將官章有曰賽典赤瞻思丁回回人其國言賽典赤猶華言貴族也仕元拜平章政事行省雲南時羅槃甸叛往征之而有憂色從者問其故瞻思丁曰吾非憂出征也憂汝曹遠鋒鏑或不幸而死者又憂汝曹不能無封虜平民使民汝判又從而再征之及次羅槃城三日不降諸將請攻瞻思丁不可先使人以理諭之乃約降越三日猶不降諸將請進兵瞻思丁又不可俄而卒有乘城者瞻思丁大怒召萬

《感纪旧闻》书影

进入明代以后，丁氏家族子孙从第八代开始向科举事业进军，并出现了累世登科的盛况，以“六试七联捷，四闱十登科”闻名遐迩，由此在其家族中也造就了许多朝官、将领、诗人、科学家以及地方士绅，其中又以清末的军事火器科学家丁拱辰最为著名。

丁仪，字文范，号汾溪，明弘治十八年（1505）进士，历官四川按察司佥事。善为诗，本性情而谐音律，卓然名家，有《归囊遗稿》行世。

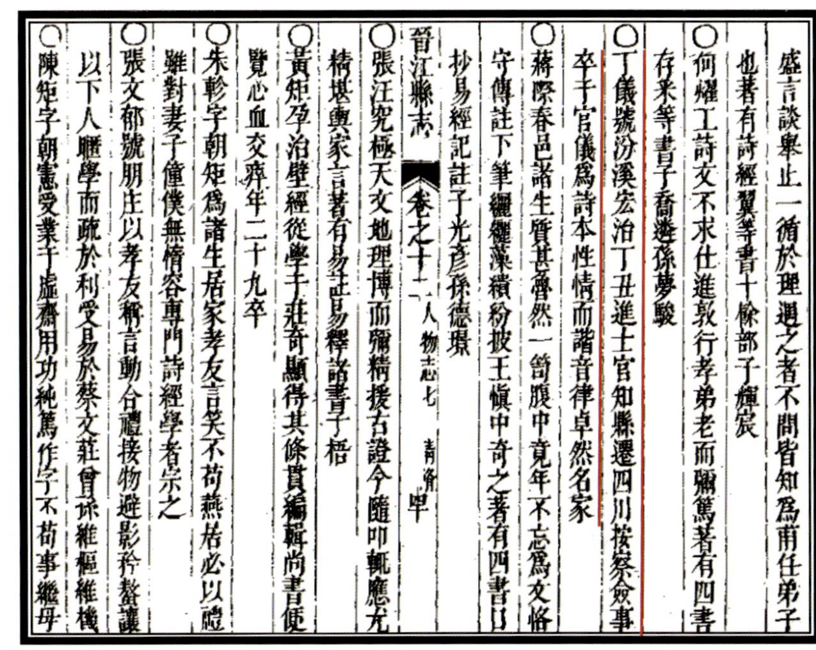
盛言談舉止一循於理遇之者不問皆知爲甫任弟子
也著有詩經翼等書十餘部子煇宸
○何燿工詩文不求仕進敦行孝弟老而彌篤著有四書
存采等書子喬遷孫夢駿
○丁儀號汾溪宏治丁丑進士官知縣遷四川按察僉事
卒于官儀爲詩本性情而諧音律卓然名家
○蔣際春邑諸生質甚魯然一篇腹中竟年不忘爲文恪
守傳註下筆纚纚藻績紛披王愼中奇之著有四書旨
抄易經記註子光彥孫德璟
晉江縣志　卷之十二　人物志七
○張汪究極天文地理博而彌精援古證今隨叩輒應尤
精堪輿家言著有易註易釋諸書子梧
○黃炬孚治璧經從學于莊奇顯得其條貫編輯尚書便
覽必血交瘁年二十九卒
○朱彰字朝矩爲諸生居家孝友言笑不苟燕居必以禮
雖對妻子僮僕無惰容專門詩經學者宗之
○張文郁號朋庄以孝友稱言動合禮接物避影矜驁讓
以下人暱學而疏於利受易於蔡文莊曾孫維樞維機
○陳矩字朝憲受業于虛齋用功純篤作字不苟事繼母

清乾隆《晋江县志》关于丁仪的记载

丁仪画像

丁仪“进士”匾

丁自申画像

丁自申，字朋岳，明嘉靖二十九年（1550）进士，授南京工部缮司主事等。为官以循良著称，“而性抗直，故于上官多迕。归而杜门读书”，在城中建有希邺堂，著有《三陵稿》。

平反不苛委署潮陽卿民困裁冗役興學教士創尊經
閣潮陽人像祀之罷歸卒祠鄉賢
○朱安期字士和嘉靖庚戌進士令淸江政尚寬平轉虞
衡司郎中出爲四川安綿道轉貴州叅議調廣西桂林
道抵任値流賊刼藩庫戕方面官安期提兵斬捕方擬
疏薦竟以拂直指罷歸家居卒臨江人祀之名宦
○尤烈字子偉嘉靖庚戌進士授祁門令出入惟單騎二
隸訟隨到隨理或於廟中樹下立爲剖斷時旁郡飛漕
白糧隣邑擬任之烈獨毅然以爭事遂寢擢南京都察
晉江縣志 卷之十 人物志四 循績
院經歷累陞至江西僉事景王之國出境上中官索賻
急烈遂投秩歸起雲南叅議竟不出當祁門去任之日
民遮道泣留四鄉立碑志思仍立祠于東七里祀之
○李續字存孝嘉靖庚戌進士選戶部主事丁艱服除補
禮部精膳歷祠祭郎中以觸嚴嵩怒出爲荊府左長史
時王府諸從官魚肉小民續數諫王橫者稍戢未幾召
爲鴻臚寺少卿尋罷歸卒祀泉鄉賢
○丁自申字朋嶽嘉靖庚戌聯登進士授南工部營繕司
主事進虞衡郎中出守順慶調梧州居官以振救平反

爲主在順慶服龍州夷酋擒大竹盜魁在梧剿捕猺寇
全活平民所至以循良稱而性抗直故於上官多迕歸
而杜門讀書所著有三陵稿祀泉鄉賢祠
○李繼芳字克栾嘉靖壬子鄉薦授六安州學正擢孔源
令山賊流刼至縣官軍徂剿繼芳激以忠義所向克捷
陞刑部浙江司主事轉廣東司員外尋陞貴州僉事水
西土酋安國亨爭立搆變繼芳力主撫議安氏懷畏後
以貴州叅議致仕壽八十餘歿祀鄉賢
○史朝富字節之嘉靖癸丑進士授永康令邑無城而倭
晉江縣志 卷之十 人物志四 循績
寇逼朝富率民兵數千至境上禦之丁艱起除六合遷
懷慶同知改岳州還南車駕員外擢武選郎中出知永
州築江華城改軍餉折色以疾歸年九十卒祀泉鄉賢
○莊士元字君聘嘉靖癸丑進士授廣德知州仁愛清約
與前守歐陽德並稱擢刑部員外郎轉郎中奉敕讞囚
東廣稽簡書敬刑獄凡死中求生者若干人以勞勩卒
於化州年止五十祀泉鄉賢
○江萬仞字若度嘉靖癸丑進士授貴溪知縣擢南戶部
郎出爲江西按察僉事駐分宜以不受嚴嵩干請託謫

清乾隆《晋江县志》关于丁自申的记载

丁日近，字光远，号午亭，自申三子，明万历十七年（1589）进士。授鄖城令，任内以身任怨，振兴文风，治堰疏浚，年四十六请病归里，著有《午亭诗文集》。

丁日近画像

水櫱有加焉以蜚語解組歸士民思之年六十六卒
○丁日近字光元萬歷己丑進士授鄖城令調高淳民有
腴田八千餘畝淪于湖歲苦賠輸爲詳豁之諸生貸官
稟四百餘戶貧不能償盡請蠲除胭脂河承宛歙上游
諸水而大生橋縮其洩洩歲久石圯滙爲巨浸親率築
之河水以平遷南戶部江西司主事卒年五十二
○諸葛表字公儀萬歷己丑進士授行人嘗語行人數持
節奉使僅牛馬走耳何以報君一日爲勤政講學疏上
之不報轉行人司副又轉司正卒於京

晉江縣志　卷之十一　人物志五　仕蹟

○莊懋華字仲瑋國禎子萬歷己丑進士儒雅厚重不動
聲色居官敏練歷仕至湖廣布政使所至皆有能聲
○林有標字爾立萬歷辛卯舉人授南安府推官奏績署
上考爲同官排擠左遷汝州判復除瑞金令多惠政兩
載掛冠歸
○林維進萬歷辛卯舉人教諭平湖勤訓課賞拔諸生十
人先後登第六人人服其鑑邑令王義民爲建鳳翥軒
○張翼新萬歷辛卯舉人歷處州府同知遇事精明骯髒
不阿御下嚴肅遇旱步禱得雨歲饑有秋尤虛懷禮士

清乾隆《晋江县志》关于丁日近的记载

丁启濬画像

丁启濬，字亨文，号哲初，明万历二十年（1592）进士，为官莅事精详，官至刑部左侍郎，卒赠刑部尚书，著有《平圃文集》和《平圃诗集》。因其官位，故祠堂内有“宫保尚书”匾。由于丁自申、丁日近、丁启濬祖孙自明嘉靖至万历年间连登进士，又有“三世进士”匾悬于祠堂中。丁启濬有子六：长子榗，奉直大夫工部虞衡司员外郎；次子榘，敕授承德郎都察院照磨；三子樾，官荫生、都察院照磨；四子檝，敕授儒林郎广东惠州推官；五子梡，诰赠朝议大夫，兵部武选司郎中；六子槽，敕授文林郎，兴化府儒学教授。因其教子有方，故丁氏祠堂内还有关于他的第三块牌匾——“六子簪缨”匾。

皆以趙清獻像自隨年踰八十猶講論不輟學者宗之
所著有史評警語諸書卒年八十有八
○丁啓濬字亨文萬歷壬辰進士歷寶慶杭州二府推官
涖事精詳入爲戶部主事轉吏部文選遷考功員外門
絕苞苴澄敘無爽假歸省母起文選司郎中未行丁內
艱服除補原官擢翰林院提督四譯館太常少卿調南
太僕少卿未幾告歸崇禎初爲太僕正卿晉刑部右侍
郎轉左侍刑部都察院二正卿俱缺兼理二篆有禮部
尚書溫體仁挾私賊訐奏浙闈事朝命鞫治御史郎署
無敢作爰書者啓濬抉摘其原窠如秋霜體仁無以難
也時方治魏崔黨啓濬劾織造太監李實以一疏殺周
起元周順昌等十三人宜擬大辟適溫體仁入相遂謝
病歸年六十八卒贈刑部尚書賜祭葬蔭子所著有平
圃文集詩集行于世
○李叔元字端和聰元孫萬歷壬辰進士授刑部主事雪
崇信伯寃獄平反獨多轉禮部郎中疏陳建儲國本梃
正潢牒婚喪典禮出督山東學政遷浙江溫處道糧漕
參政擢江西按察司所至政績丕著人稱神明陞湖廣

清乾隆《晋江县志》关于丁启濬的记载

“宫保尚书”匾

“三世进士”匾

“六子簪缨”匾

丁楠，字世宏，号乔初，明崇祯十二年（1639）武举人，擢进士，授广东潮州府西营守备，晋阶怀远将军。明清之交，聚族人勤王抗清，兵败殉节陈翁桥。

“忠烈”匾

丁楠画像

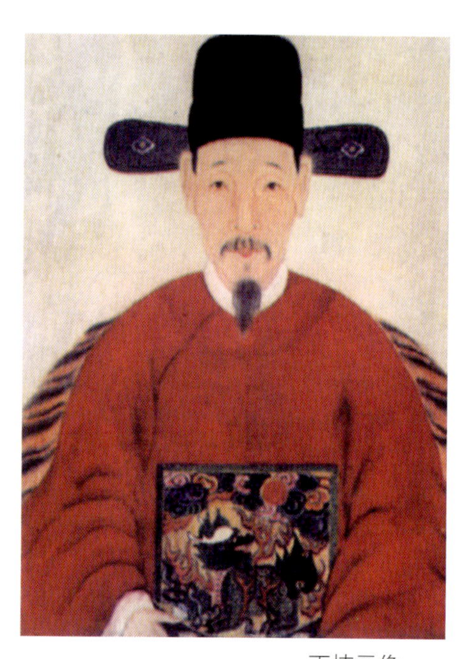

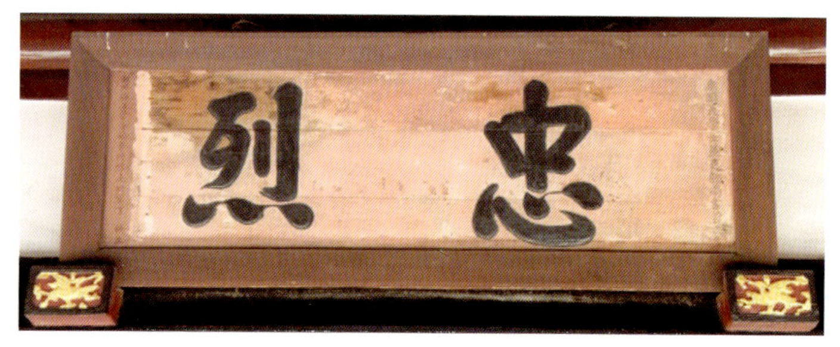

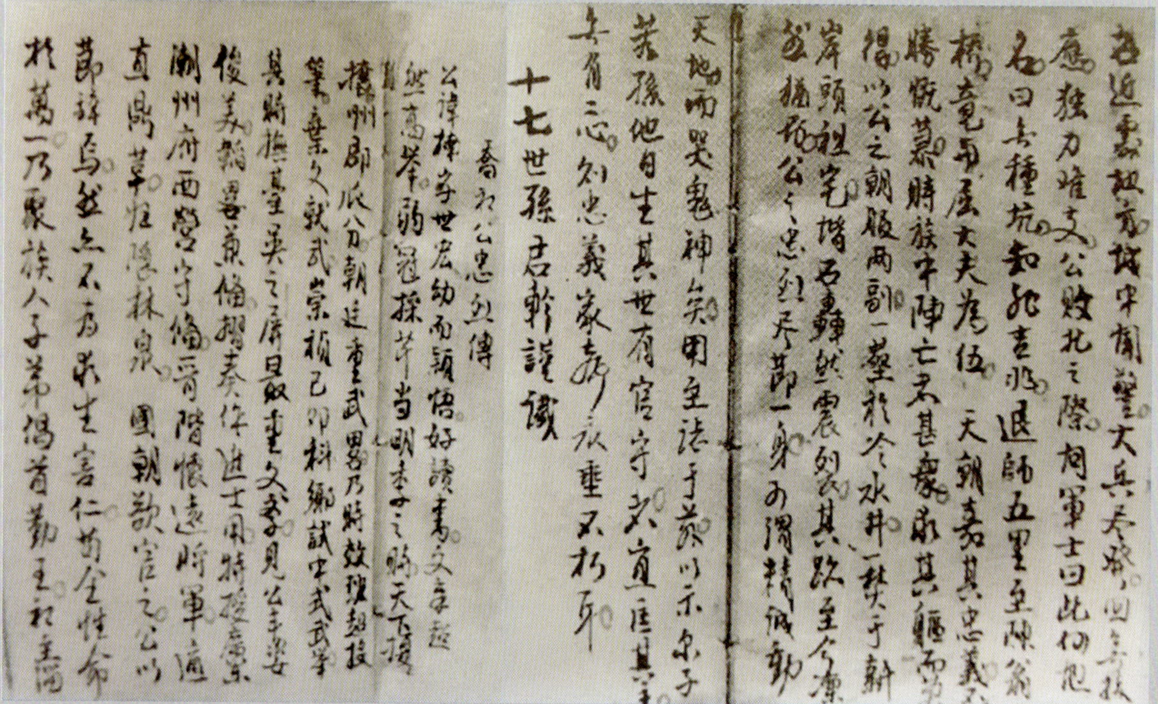
[illegible]戟守关望大兵奔散回[illegible]扶
意独力难支公败北之际谓军士曰此仍想
名曰乌种坑却北去水退师五里至陈翁
桥竟为虏大夫危伍 天朝嘉其忠义
将悦慕时族中阵亡者甚众葬其骸而[illegible]
得以公之朝服两副一瘗于冷水井一葬于新
岸头祖宅皆石垒然震烈其踪至今凛
然播氏公之忠烈于节一身可谓精诚动
天地而哭鬼神矣用立志于兹以示来子
万孙他日生其世有官守者宜[illegible]其
无负忘烈忠义家声永垂不朽耳
十七世孙君干谨识
乔初公忠烈传
公讳楠字世宏幼而颖悟好读书文章甚
然高举弱冠探芹当明季之时天下扰
攘州郡纷纷朝廷重武略乃特放强超拔
策学文就武崇祯己卯科乡试中式武学
其时抚台吴之屏最重文章见公之策
俊美器具伦擢奏作进士用特授广东
潮州府西营守备晋阶怀远将军适
直鼎革归隐林泉 国朝欲官之公以
节操自然不为世害仁世全性命
于万一乃聚族人子弟倡首勤王於[illegible]

《丁氏族谱》关于丁楠的记载

丁良画像

丁良，字汉侯。少有识度，习武从师。清康熙初，授江西南瑞总兵，协平“三藩”之乱，为国效力。

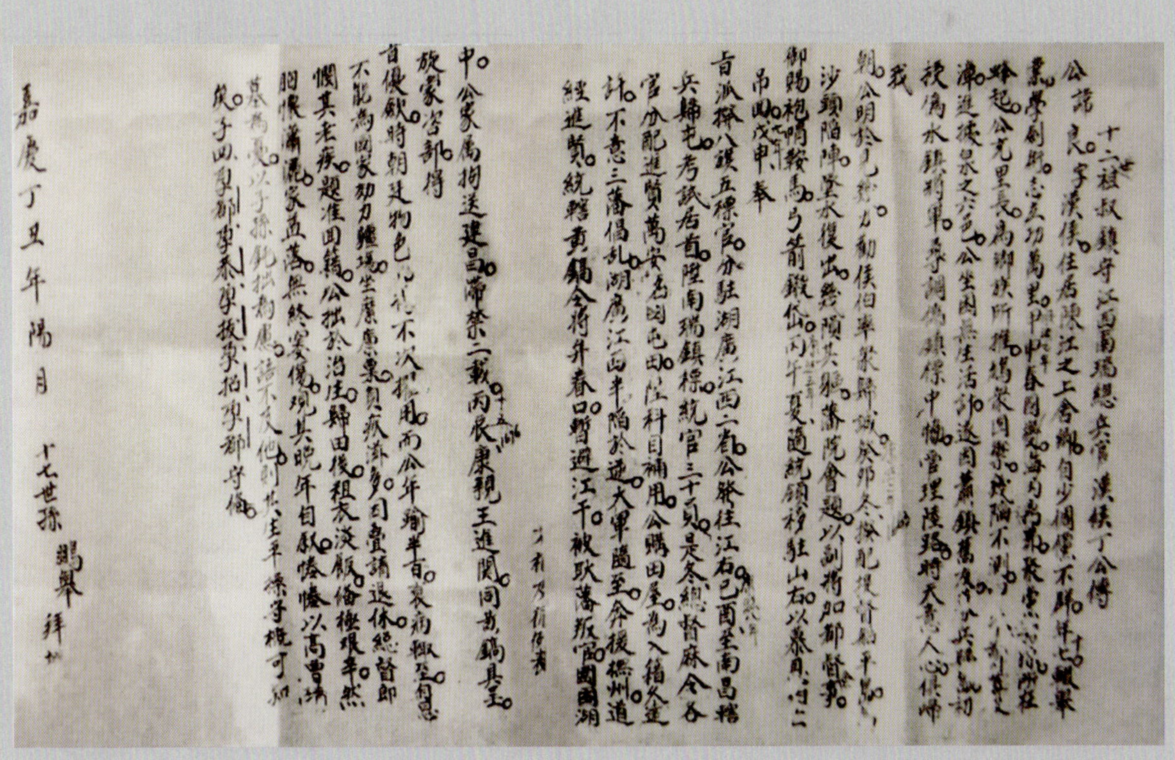

十二世祖叔鎮守江西南瑞總兵官漢侯丁公傳

嘉慶丁丑年陽月　十七世孫鵬舉拜

《丁氏族谱》关于丁良的记载

丁龙画像

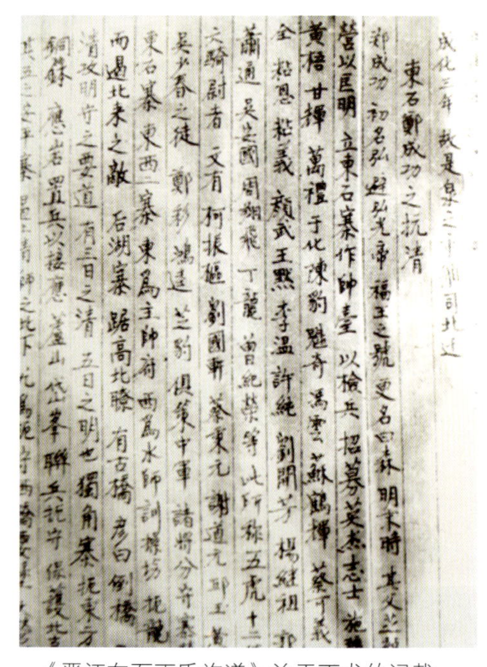

東石鄭成功之抗清

鄭成功初名弘 [illegible] 弘光帝 福王之號 更名 [illegible] 明末時 其父芝 [illegible]

營以匡明 立東石寨作帥臺 以檢兵 招募英杰志士 [illegible]

黃梧 甘輝 萬禮 于化 陳豹 魁奇 馮雲 蘇鶴 揮 蔡 [illegible]

全 [illegible] 義 顏武 王熙 李溫 許純 劉開芳 楊 [illegible] 祖 [illegible]

蕭通 吳忠國 周翊飛 丁龍 曾紀 [illegible] 等 此所稱五虎 十二 [illegible]

文騎尉者 文有 柯振 [illegible] 劉國軒 蔡東元 謝道元 耶 [illegible]

吳少春之徒 鄭彩 鴻逵 芝豹 俱策中軍 諸將分守 [illegible]

東石寨東西二寨 東爲主帥府 西爲水師 訓 [illegible]

西過北來之敵 后湖寨 踞高北瞭 有古橋 [illegible]

清攻明守之要道 有三日之清 五日之明也 獨角寨 扼東方 [illegible]

銅鉢 [illegible] 置兵以接應 [illegible] 山 [illegible] 聯兵 [illegible] 保護 [illegible]

《晋江东石丁氏族谱》关于丁龙的记载

丁龙，郑成功主要部将，曾随郑军东征收复台湾，为统一祖国领土、驱逐荷兰殖民者做出贡献。

丁炜，字澹汝，号雁水。“以人才举授漳平教谕，改鲁山丞，迁献令。”历任户部主事、兵部郎中、湖广按察使。炜刻意为诗，“力追唐宋诸家。济南王阮亭亟称之，与同时海内十子齐名”。著有《问山文集》《问山诗集》《紫云词》。

丁炜画像

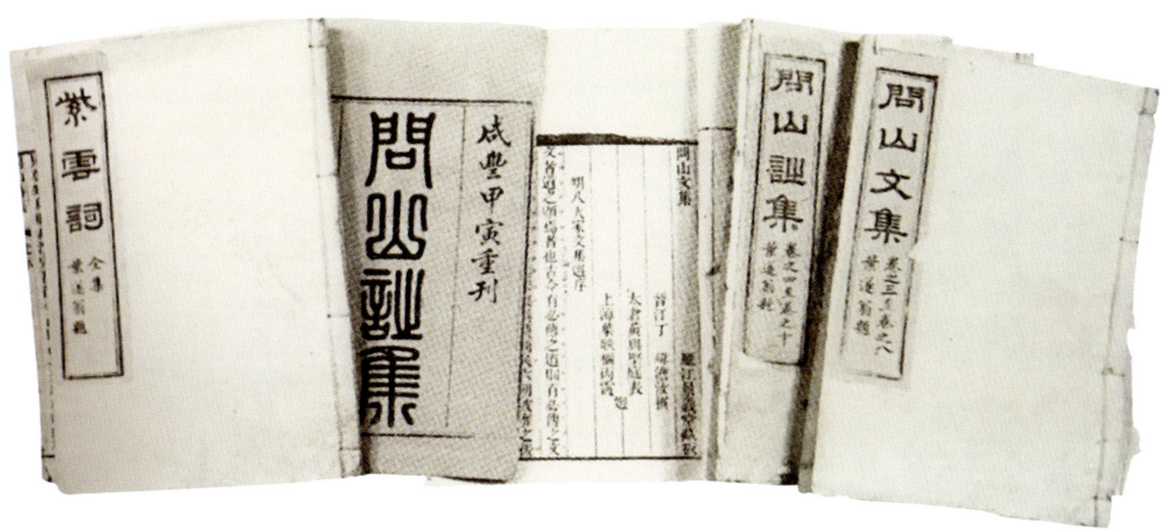

丁炜著作

中刻不能離翰墨盡出其手著有移亭集
○吳方皐字魚男幼有殊慧博學論文交遊皆知名士以
貢遊京師過吳門遍覽名勝而返好著述文辭甚富書
筆洒落時愛重之授松溪教諭孫名帶
○蔡震升字詒青康熙庚午舉人少負奇姿為詩文有六
朝及中晚唐風致嘗學詩於新城王阮亭王亟稱之曰
此君具有天才閩中張雲翼為泉帥及同里施侯琅皆
延之為上客震升脫畧自喜人比之杜少陵著有夢白
齋草杯餘集
晉江縣志　卷之十二　人物志六　文苑　圭
○丁煒字瞻汝號雁水以人才舉授漳平教諭改魯山丞
遷獻令獻地僻事簡得肆力於詩歌古文詞擢戶部主
事歷員外郎中出為贛南道陞湖廣按察使因得目疾
歸越七年卒煒詩力追唐宋諸家濟南王阮亭亟稱之
與同時海內十子齊名著有紫雲詞滋江問山詩文集
○郭之椒為諸生工詩寓潮州著旅吟謝宸甚為之序當
時諸生黃開泰貢生林逢震諸生黃知白陳顒蔡遠丁
焯皆以能詩著田運遇董俞等甚稱異之
○黃覲光字涵倩克纘曾孫康熙辛未進士授中部令縣

清乾隆《晋江县志》关于丁炜的记载

丁拱辰画像

丁拱辰（1800—1875），又名君轸，字淑原，号星南。曾涉足吕宋诸岛和阿拉伯等地，鸦片战争爆发后，他以科学报国为己任，精心研究西方先进的科学技术，尤其在军事火器研究方面颇有造诣，被誉为近代著名爱国军事科学家。他一生著有《演炮图说》《演炮图说后编》《增补则克录》《西洋军火图编》《西洋火轮车火轮船图说》等，其中《演炮图说》为魏源、林则徐所推重。

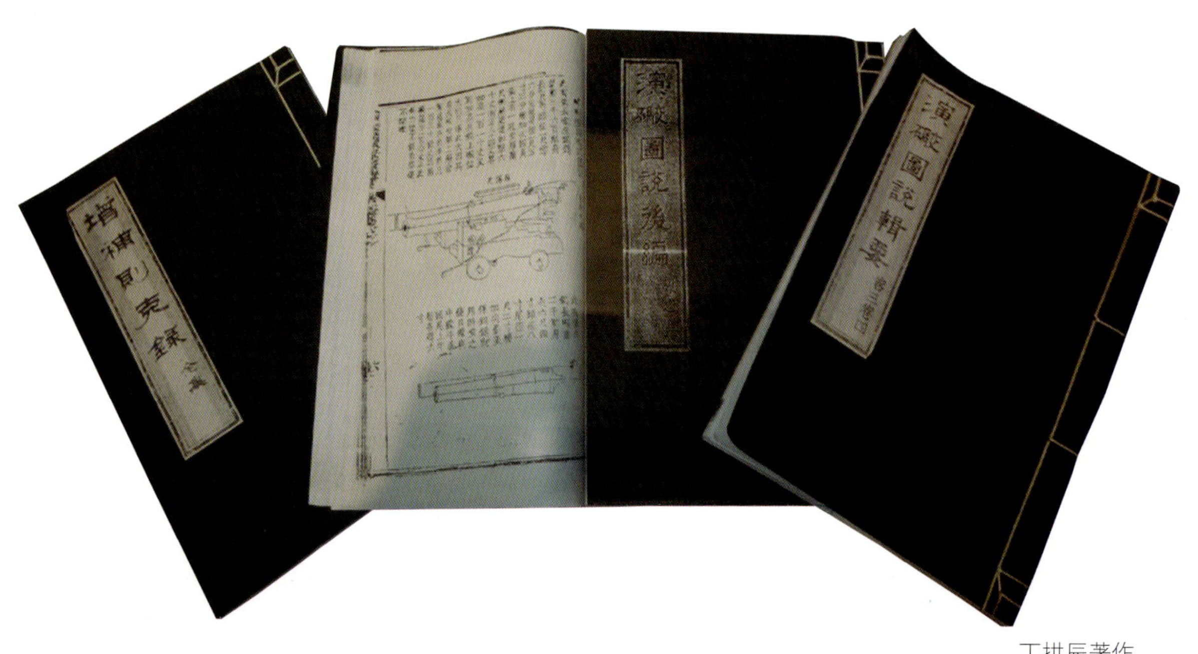

丁拱辰著作

“名达九重”匾

丁氏宗祠内收藏的铁炮

清末，在陈埭还出现了名为“鹏霄榭”的回族文人社团。所谓“榭”，是古代建于水边或者花畔的一种观景平台，此为陈埭丁氏家族文人聚会之所。鹏霄榭主祀神明是大魁夫子，该神不同于文魁星，应该是陈埭丁氏族人虚拟出来以助考取功名的神灵。《鹏霄榭》为丁氏族人丁廷兰所记，所涉内容囊括鹏霄榭的人员构成和活动情况，社规、经济账目、置业情况，以及大魁夫子的祭祀仪式，如乩文、鸾书联文、楹联、祭文等。可以说，这个活跃于清代中后期的丁氏文人社团是陈埭丁姓受儒家文化影响的直接产物。

《鹏霄榭》书影

陈埭镇岸兜村丁氏大宗祠（旧照）

陈埭镇岸兜村丁氏大宗祠（新照）

丁氏家族中涌现出的大批精英，在完成儒化的同时，也加快了其家族接受汉文化的进程。他们不仅像汉人一样修建了祠堂，而且还修撰了族谱，即使是一般的丁氏民居，也在门楣上刻下了“聚书传芳”或“聚书衍派”的堂号。从他们保存下来的祖先生活图中所呈现出来的场景，我们发现他们已经完全融入到汉人生活中。

清光绪十五年（1889）《重修陈江丁氏宗祠碑记》

丁氏祖先生活图像

镶有“聚书衍派”门楣的丁氏民居

作为祖先崇拜与维系宗族共同体之所，陈埭丁氏宗祠肇建于明代永乐年间，后世代有修葺、扩建。宗祠坐北朝南，在中轴线上自南向北分别是泮池、门埕、前厅、前庭院、中堂、后庭院、后殿等，采用闽南传统民居的修造技艺，以砖、石、木等为之。在祠堂大门上悬挂着“丁氏宗祠”匾额，中堂悬“百代瞻依”匾，后厅挂有“绥我思成”匾，呼应着与族谱内记载的“瞻思丁”的关联。

门额“丁氏宗祠”匾

中堂“百代瞻依”匾

后厅“绥我思成”匾

“时清翰苑”匾

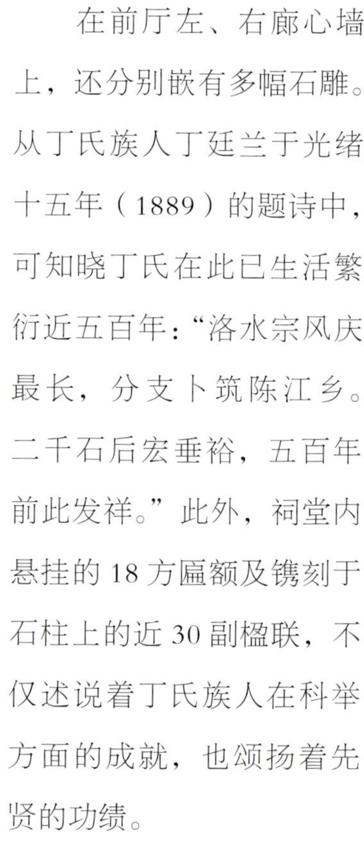
在前厅左、右廊心墙上，还分别嵌有多幅石雕。从丁氏族人丁廷兰于光绪十五年（1889）的题诗中，可知晓丁氏在此已生活繁衍近五百年：“洛水宗风庆最长，分支卜筑陈江乡。二千石后宏垂裕，五百年前此发祥。”此外，祠堂内悬挂的18方匾额及镌刻于石柱上的近30副楹联，不仅述说着丁氏族人在科举方面的成就，也颂扬着先贤的功绩。

“乡贤名宦”匾

“恩纶世锡”匾

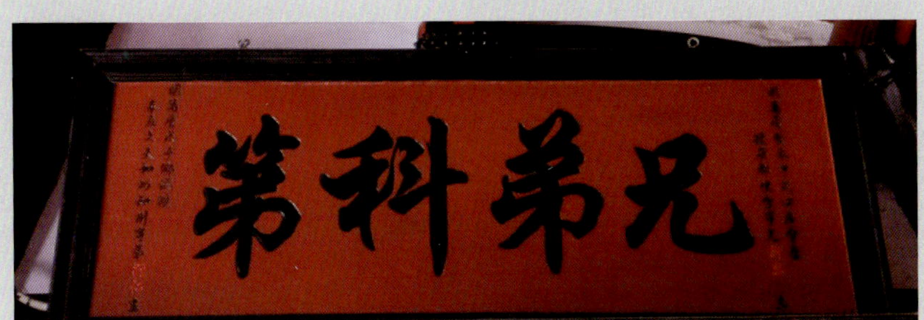

“兄弟科第”匾

丁寿泉“进士”匾

丁湘江“文魁”匾

“蔚为人瑞”匾

丁氏宗祠

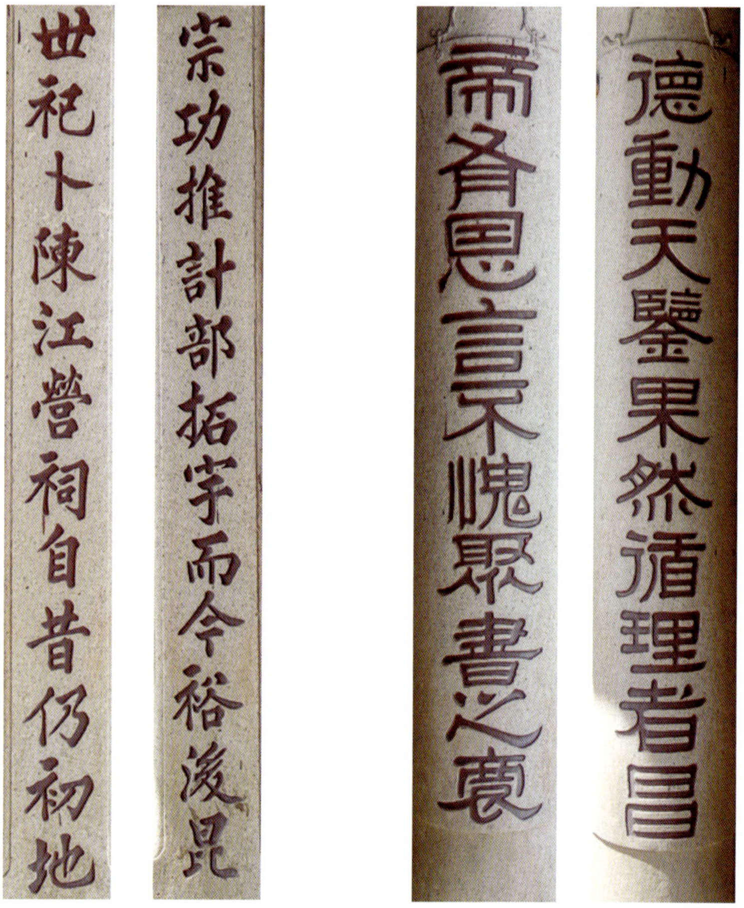

德動天鑒果然循理者昌
帝眷恩言不愧聚書之褒
宗功推計部拓宇而今裕後昆
世祀卜陳江營祠自昔仍初地

丁氏宗祠石柱楹联

“父子进士”匾

据统计，陈埭丁氏族人在明清两代登进士者 12 人，举人 21 人，贡生 26 人，秀才 105 人，可谓“举科名者复踵相接”。如祠堂内的“父子进士”匾，指的是十四世丁天禧与十五世丁莲。丁天禧为明崇祯己卯（1639）科举人，庚辰（1640）科武进士；丁莲为清康熙五十二年（1713）春、秋联捷进士。丁氏族人有着强烈的爱国爱乡情怀，1941 年抗日战争期间，旅菲丁氏族人募资捐赠飞机，支援祖国抗日，国民政府因此赠予丁氏族人“输财卫国”匾额。

“输财卫国”匾

丁氏宗祠晋主牌位

在丁氏祠堂内，还供奉着丁氏一至五世祖以及历代有功爵的列祖列宗神主，供后世族人祭祀参拜。为起到光前裕后的作用，做好宗祠的教育功能，1984 年，陈埭镇回族事务委员会还在丁氏宗祠内开辟“陈埭回族史馆”，这种馆祠合一的创新做法，在社会上赢得极大赞誉和肯定，被誉为“福建省少数民族第一馆”。

陈埭回族史馆

在灵山圣墓东侧，即是陈埭丁氏墓葬群之所在。在陈江丁氏一、二、三世合葬祖茔前，立有一座带有伊斯兰教文化元素的牌坊，并刻有“天开胜景”“天方一脉”；在牌坊前，建有“瞻依亭”一座，并刻有楹联“天方一脉崇真主，圣裔分支事祖回”，以标识其最初是来自西亚地区。从其墓葬形制来看，环绕着的马蹄形墓圈，为福建地区汉族墓葬的典型特征，而在墓圈正前方，则放置着石墓盖，这又保持着阿拉伯地区的传统。

晋江陈埭丁氏家族墓葬群

陈江丁氏一、二、三世合葬祖茔

陈埭祖茔石牌坊（正面）

陈埭祖茔石牌坊（背面）

瞻依亭

在这里，还有丁氏四世祖丁善与其夫人庄氏的墓，他们原葬于鹿园名山，1980 年 8 月迁至灵山东侧山坡。两座塔式石墓盖并列，辉绿岩质地，分五层：底层六座脚之间雕刻如意云纹；第二层刻缠枝纹；第三层刻莲瓣图案；第四层西座墓盖刻卷云纹，东座墓盖浮雕阿拉伯文，文字上缘有磨损；顶石截面呈半圆形，一端刻卷云纹烘托一轮圆月图案。墓盖后立有一碑，双面雕刻：正面上额阴刻两行汉文、阿拉伯文混合的文字，字迹风化剥蚀难以辨认，中部竖刻汉文“仁庵处士丁公、淑懿孺人庄氏墓”；背面阴刻汉字“鹿园名山，我赀所置。葬我父母，出自己意。上兄下弟，乐从无二。植彼丹荔，永为阴庇。示我子孙，保此重器。诚斋叔志，宣统二年八月”。

陈埭丁氏四世祖丁善（仁庵）暨庄氏墓

除此之外，还有丁氏五世祖丁观保、六世祖丁宽和丁敏的合葬墓，丁氏五世祖丁福保暨施氏合葬墓，五世祖丁毅庵暨元配蒲氏、继室王氏合葬墓，这些墓葬都既有汉人墓葬的形制，同时也保持着阿拉伯风格塔式石墓盖。

陈埭丁氏五世祖、六世祖丁观保、丁宽、丁敏塔式石墓盖

陈江丁氏五世祖丁毅庵暨元配蒲氏、继室王氏墓

在丁氏祠堂后面，建有一座二层楼高的清真寺，一楼为水房与会议室，二楼是礼拜殿，每个礼拜五会有 40—100 人参加主麻。1948 年以前，当地回民利用丁氏宗祠大厅作为隐形清真寺进行宗教活动。1949 年初，将四境村原有文昌寺改建为清真寺，并请泉州铁阿訇主持教务。1978 年宗教政策恢复后，丁氏族人先以陈埭镇回族事务委员会办公楼二楼作为礼拜之用，后仍改于丁氏宗祠后厅，直至 1991 年 12 月陈埭清真寺正式建成。1993 年该寺正式开放，迅速成为晋江和石狮一带伊斯兰教的中心。陈埭清真寺还与旅菲（律宾）清真五姓联宗会有联系，并不时得其资助，现晋江市伊斯兰教协会就设于该寺内。

晋江陈埭清真寺大门

晋江市伊斯兰教协会

晋江陈埭清真寺

1991 年春，联合国教科文组织海上丝绸之路考察团考察丁氏宗祠

1991 年，联合国教科文组织海上丝绸之路考察团来到陈埭丁氏宗祠考察，联合国教科文组织协调员迪安博士还发表了热情洋溢的讲话。阿曼、沙特阿拉伯等国驻华大使也参观了陈埭回族史馆，并在宗祠种植了“友谊长青树”。

从丁氏家族的家谱、墓葬形制、清真寺以及文物史料中，我们均可以感受到这一家族与阿拉伯穆斯林有着极其深厚的渊源关系。

阿拉伯国家驻华大使在丁氏宗祠种植“友谊长青树”

第三节 百崎郭氏家族

百崎，古称“白奇铺”，是福建省19个少数民族乡中唯一的回族乡，也是泉州市唯一的少数民族乡。百崎乡地处福建省惠安县西南、泉州湾北岸，三面环海，一面连陆，与后渚港隔海相望。聚居于百崎回族乡的郭氏家族，现有15 000多人，旧时有“九乡郭”之称。

郭氏来泉一世祖郭德广，阿拉伯名为“伊本·库斯·德广贡·纳姆”，“德广贡”即“德广公”之音译。在当地，郭氏族人传其先祖是循着海上丝绸之路来到中国经商的阿拉伯穆斯林，最早的定居地是浙江富阳，后入闽来到泉州。据族谱所载，郭德广于元时来泉，“元季宣差微禄，奉命督稍来泉供应，于是时干戈扰攘，弗克还朝，即纳室于泉，卜居行春门外，后改迁法石，依例占籍”。至明洪武年间，郭德广的次孙郭仲远携妻儿由法石迁徙至白奇，“择于惠邑海滨白奇山下筑室居焉”，是为白奇郭氏开基祖，后生五子，列为仁、义、礼、智、信五房，分居白奇、里春、山兜、埭上、梁墓创基。

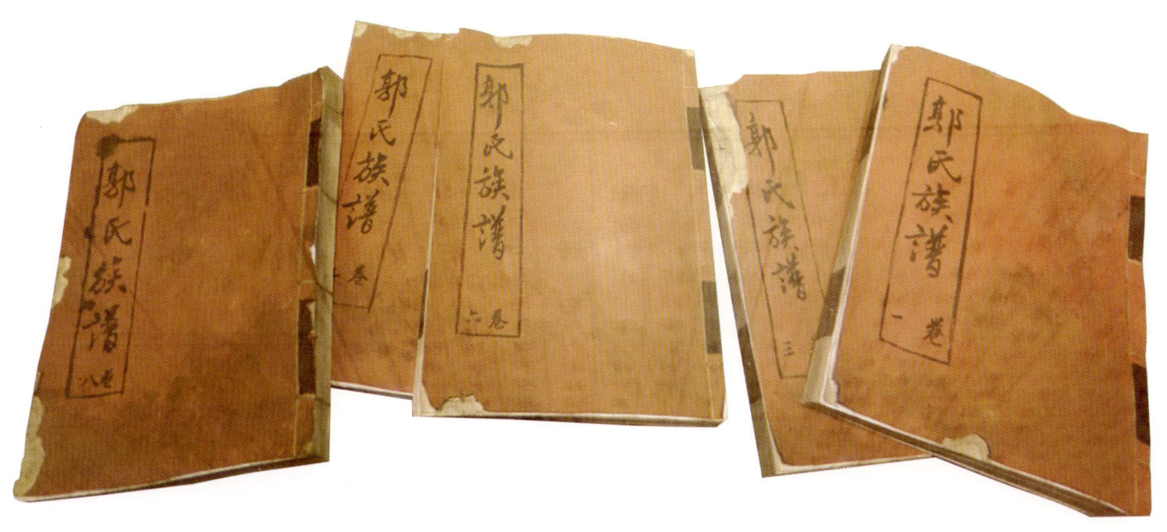

《郭氏族谱》书影

郭氏自明代开基以来，聚族耕海，以海为田，向海而生，以航海和渔农为业，至今仍保留着古渡及码头。郭氏后人也秉承族训，崇文尚武，英才辈出。百崎乡内至今仍留存有大量的伊斯兰教文物史迹，为我们讲述着那一段筚路蓝缕、阿拉伯人与中国人融合的历史。

百崎古渡

航运码头

在泉州海外交通史博物馆内，收藏着一块名为“伊本·库斯·德广贡”的墓碑石，该墓碑为花岗岩质地，顶部略呈弧形，外形与中国传统墓碑相近。碑额正中部阴刻一行波斯文，碑右上角阴刻小篆体汉文“惠”“百奇”，左上角刻“晋”“坡庭”，正中竖刻汉文“元郭氏世祖坟茔”。该碑原址位于法石乡光堂宫与天堂井东侧，1974 年为防止再次遭到破坏而被移入博物馆。

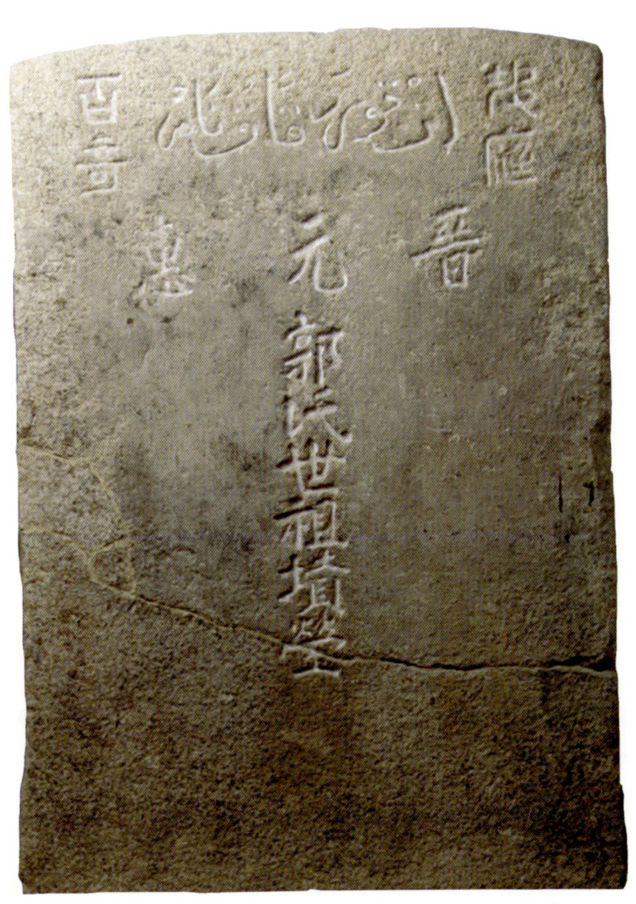

伊本·库斯·德广贡墓碑石

在郭氏族谱中，还提到了郭氏一族出教又入教的一段故事：“自元朝德广公即入教，相传曰吾宗至八世、九世乃出教，及第十世宏隆公，原居百奇铺贺厝乡，因强干弱枝之分，子孙衰微，念先人从清真教，遂搬入通淮街礼拜寺内居住。义斋公曰康熙己丑年间，

凡遇祀典雖回教应祭者品味精潔於今大宗祠小
宗祠之祀典亦然祀物勿用蓋其所忌而棄之以体
先代之忌亦孝順之道稽吾家前之回教諒在明万
歷三十五年李解元諱光縉丁吏部諱啟濬重修清
淨寺碑誌云今先守教者皆捧臂而敉忌吾家之出
教想亦在此時向来巡墓府祖考祖妣葬在百奇葵
法用棺木嘉庆十二年三月裔孫導周再詳
清真教於元朝最熾李復齋曰元朝之時色目来拒
闽我泉为盛世有從色目此說余少時所罕聞其所
習聞者清真教即回是也或曰回当元之時免其惹
擾世人因避难而從回或有好兩国之教大概如是
矣
自元朝德廣公即入教相傳曰吾宗至八世九世乃
回教及第十世宏隆公原居百奇鋪賀厝鄉因強幹
弱枝之分子孫衰微念先人從清真教遂搬入通淮
街礼拜寺内居住義齋公曰康熙己丑年間陳都督
諱有功仕於泉重兴清真教故宏隆公後入教
稽歷代墳墓自六世懷靜公配李氏七世新公配駱
氏八世時未知应夏公抑是应春公查旧忌簿只寫
八世祖六月二十九日忌辰八世妣陳氏十月二十
郭氏族譜
三十二

《郭氏族谱》关于郭氏与清真教的记载

陈都督讳有功仕于泉，重兴清真教，故宏隆公复入教。”正是郭宏隆在清初重新入教，使郭氏一族与伊斯兰教重新联系起来，据说当时在陈有功的资助下，百崎乡埭上村又重建了一座清真寺。

十世祖
公乳名娘世字　號宏隆慕禮公之子生於　年
月　日　時卒於　年　月　日　時接旧忌簿惟
書十世妣何氏十一月十二日忌大概是卒忌观以
上數条雖独書一忌字於譜而考晉奇族譜惟書卒
忌並无書生忌修譜者故不敢分生卒姑从旧忌簿
所書以候再查玖妣何氏与九世祖慕禮公九世妣
黃氏三首仝葬在百奇祖家空山上即墓亭頂宏隆
公卒於　年八月十六日　时妣官洋童氏乳名足
仝生於崇禎三年歲次壬申五月辛卯初一日戊戌卯时乙卯
卒於　年十二月初五日　时宏隆公暨妣童氏二
首合葬在晋江縣塗関外双獅山既灵山穴坐丑未
丁癸東边墻兆夏墳隔壁
生傳男三長仝世
次祖世
三千世
（自十世至十六世支派圖省略不抄）
移居在泉郡通淮街即塗門街自宏隆公起公为人
倜儻志大謀事果決而倫紀克敦有秦伯之遺風也
相傳云第八世第九世出教迨公幾於微之甚居在

郭氏族譜　三十五

《郭氏族谱》关于郭宏隆的记载

在百崎乡内，建有一座规模宏伟的祠堂，即郭氏家庙。相传始建于明宣德七年（1432），最初为三开间，清乾隆年间重修时又向两侧拓展，遂成为今日五开间格局。光绪二十四年（1898），家庙因遭火灾毁于一旦。随后郭氏族人又于宣统年间及民国初期两度重建，得以恢复旧貌。

惠安百崎郭氏家庙

从家庙大门围墙上镌刻的“支分法石源流远，地卜奇山甲第兴”，可辨明其迁徙路线，即由法石村迁来白奇村繁衍。家庙内所悬挂的“族系溯天方营埭曾资三保力，宗支传海徼建乡长著百奇名”“始祖训昭垂示清真义理，开基局峻仰承忠武渊源”等楹联，分明诉说着郭氏族人与阿拉伯地区的关系。

家庙围墙大门楹联

家庙内所刻楹联

《百奇郭氏家庙重修记》

在家庙中《百奇郭氏家庙重修记》及《重修郭氏家庙醵资志》等碑刻上端，也都刻有阿拉伯文字，除此之外，在祠堂内供桌前围着的桌裙，上面的图案正是麦加的克尔白圣寺，是穆斯林朝圣中心，这充分展现了这座家庙的与众不同，同时也承载着百崎郭氏的信仰所在。

《重修郭氏家庙醵资志》

郭
尉府
此地稱奇奇山奇水常鍾一世英豪
道流芳

在家庙正厅前上方悬挂着一块题为“宣慰府”的匾额，口耳相传是因入泉始祖郭德广曾任宣慰使而得名。家庙入厅木质围栏门也仿制了伊斯兰教建筑的尖拱。每逢清明，闾里乡亲及海外裔孙都会来此晋谒宗祠，拜祖焚香。

惠安百崎郭氏家庙宣慰府

百崎郭氏祭祖仪式隆重，程序多达112道。参加祭祖的相关人员头戴圆形小白帽，首先由阿訇诵读《古兰经》，后在东赞、西赞的唱颂声中，导祭人引导主祭人、陪祭人逐一完成祭祀仪式，依次向祖先灵牌进献馔品，宣读祀文，各房嫡孙叩拜祖先。在祭品的选择上，则力求洁净，并认为生者已背离祖教，死者要复返清真，所谓“供祭不清，子孙不兴，死后亦无面目见祖先于地下”。

郭氏神主牌位

阿訇诵读《古兰经》

百崎郭氏祭祀活动现场

郭氏宗祠

郭氏宗祠大门两侧的阿拉伯文柱子

在埭上村内，也有一座郭氏宗祠，为百崎回族始祖郭仲远所建。这座三开间的传统闽南风格祠堂，建筑内也有许多伊斯兰教文化元素，如在大门两侧柱子及侧门门楣上都镌刻着阿拉伯文字，在正厅内也悬挂着阿拉伯文字的匾额及挂毯。厅内还刻有“仰承祖训千秋祀典遵回教，丕振家声一代礼仪洽儒风”楹联。

郭氏宗祠两边侧门门楣

郭氏宗祠正厅

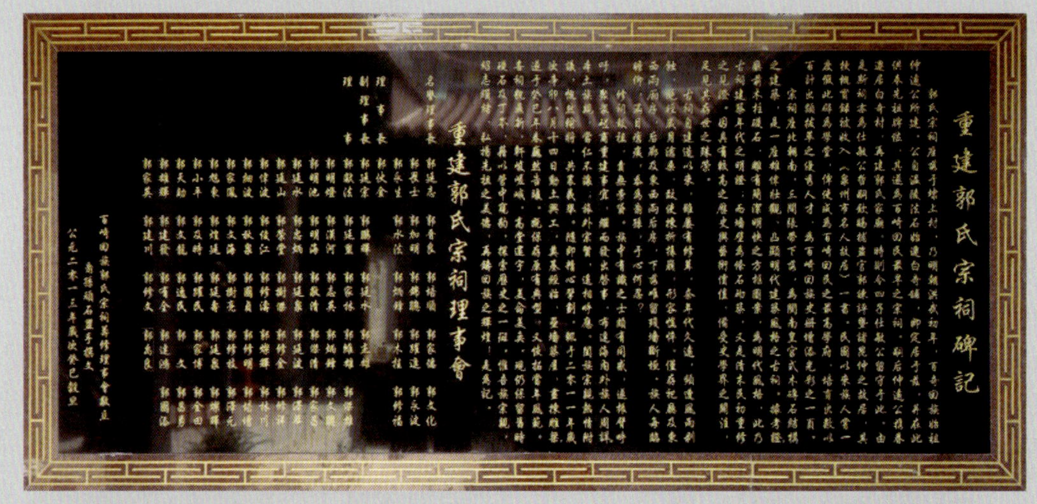

《重建郭氏宗祠碑记》

顶护厝厅

百崎乡内还建有许多公厅，作为小宗祭祀的地方。在顶护厝厅的门楣上，就嵌有“奕世清真”的石匾，两侧门堵石墙上也都刻有阿拉伯文。百崎乡中保存的传统闽南建筑，都或多或少保留着伊斯兰教文化的痕迹。

位于惠安百崎克圃、下埭两村间之龙头山南，有明代百崎回族肇基始祖郭仲远与妻陈宣惠的墓穴，民间称之为“石狮公墓”。该墓建造于明永乐至宣德年间，墓穴的选择和墓区的建筑基本取法于汉式。墓区坐东北向西南，依山势由低向高处而筑。其范围总长 14.5 米，宽 3.15 米至 3.9 米，前为半月形墓井，左右留有排水孔。拾阶而上，有石铺三层埕台，埕台由下而上，逐渐缩小，第三层即墓区。墓区中置墓座有二：东南侧为郭仲远墓，西北侧为妣陈氏墓，均为伊斯兰教风格之须弥座式辉绿岩石塔式墓盖，均为五层，呈长方形。盖座各层四周皆雕刻缠枝、卷云、莲瓣等纹饰，顶石截面呈拱状。墓围四周，按层次砌有石墙，每顶层末端雕有龙首翘脊。后墙半月形正中安嵌一块花岗岩质地的石刻，表面雕刻卷云纹环抱一轮圆月图案，云月图案也正体现伊斯兰教追求“清慧皓洁”的境界。该墓 2005 年被列为福建省第五批文物保护单位。

郭仲远夫妇墓保护碑

郭仲远夫妇墓

仕初公陵园牌坊正面

在埭上村仕初公陵园内，安葬的是郭仲远的长子郭萌（字仕初），最初葬于田吟山，穴称“猫狸洗”，为花岗岩塔式回圹墓，后移葬鸪山。现陵园为2004年重修，牌坊上刻有阿拉伯文，在细部装饰上也采用了阿拉伯尖拱、花卉纹饰及几何图案，正中石柱上刻有“五星昆弟联辉明代开基尊嫡长，千载子孙恒显天方立教守清真”，牌坊背面嵌有“回向清真”匾额。

仕初公陵园牌坊背面

郭仕初墓由汉式传统马蹄形墓圈与阿拉伯风格塔式墓盖石组成，在墓圈正中嵌有辉绿岩圆月卷云纹石刻。两侧墓柱上则分别刻有“月朗星辉天方传圣教，山清水净地脉发灵光”“风清月白钟天瑞，水秀山奇卜地兴”等联句。在墓园牌坊往墓穴方向的墓道两侧，还建有两座圆顶墓亭，无论是墓制形式还是联句文字，都在表达着百崎郭氏与阿拉伯文化间的联系。

郭仕初墓近景

郭仕初墓全景

郭仕初墓墓联

郭仕初墓墓亭

里村的仕源陵园，是郭铁与郭奇的墓穴。在陵园外墙上，嵌有“天方怀世裔，鹦岫护宗陵”的墓联。郭铁的墓穴当地又称为“鸟树墓”，为花岗岩质地，分四层，由数方素面石刻叠成，顶石截面呈拱状。郭奇墓穴中部嵌安一长方形石碑于墓桌上。碑为花岗岩质地，上部雕刻卷云纹烘托一轮圆月图案，两侧雕刻螺旋纹图案，碑面竖刻“郭氏三世祖坟。旹乾隆丙寅年吉旦重建”。碑前有两座塔式石墓盖，整石琢成，分四层，实心，除底层雕刻卷云纹外，其余三层素面，顶石截面呈半圆拱状。

此外，郭氏长房三世祖郭毅斋夫妇墓、郭崇儿墓葬、郭淑献墓葬等都是伊斯兰教风格的祭坛式墓座与汉式墓围相结合的墓葬形制。

仕源陵园

郭铁、郭奇墓地

郭毅斋夫妇墓

白奇南音社

郭氏自开基以来，与周边汉族和谐共处，并学习了泉州本地汉族的文化，白奇南音社便是当地郭氏族人为学习、排练南音技艺所建场所。南音作为中国现存最古老的乐种之一，有“中国音乐史上的活化石”之称。在白奇南音社中，不仅有演奏南音所需的洞箫、南琵琶、三弦、二弦及拍板等各种乐器，还专门搭设舞台，乡内重要的南音演出活动也都会在这里举行。

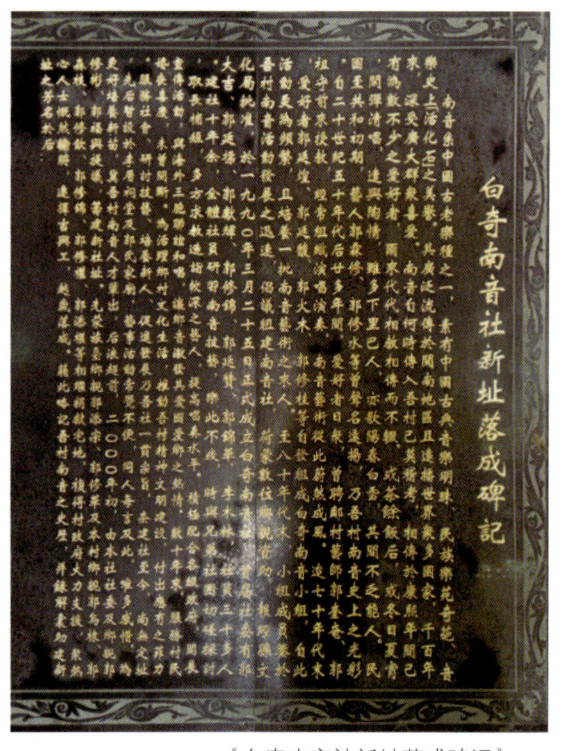

《白奇南音社新址落成碑记》

南音演奏乐器

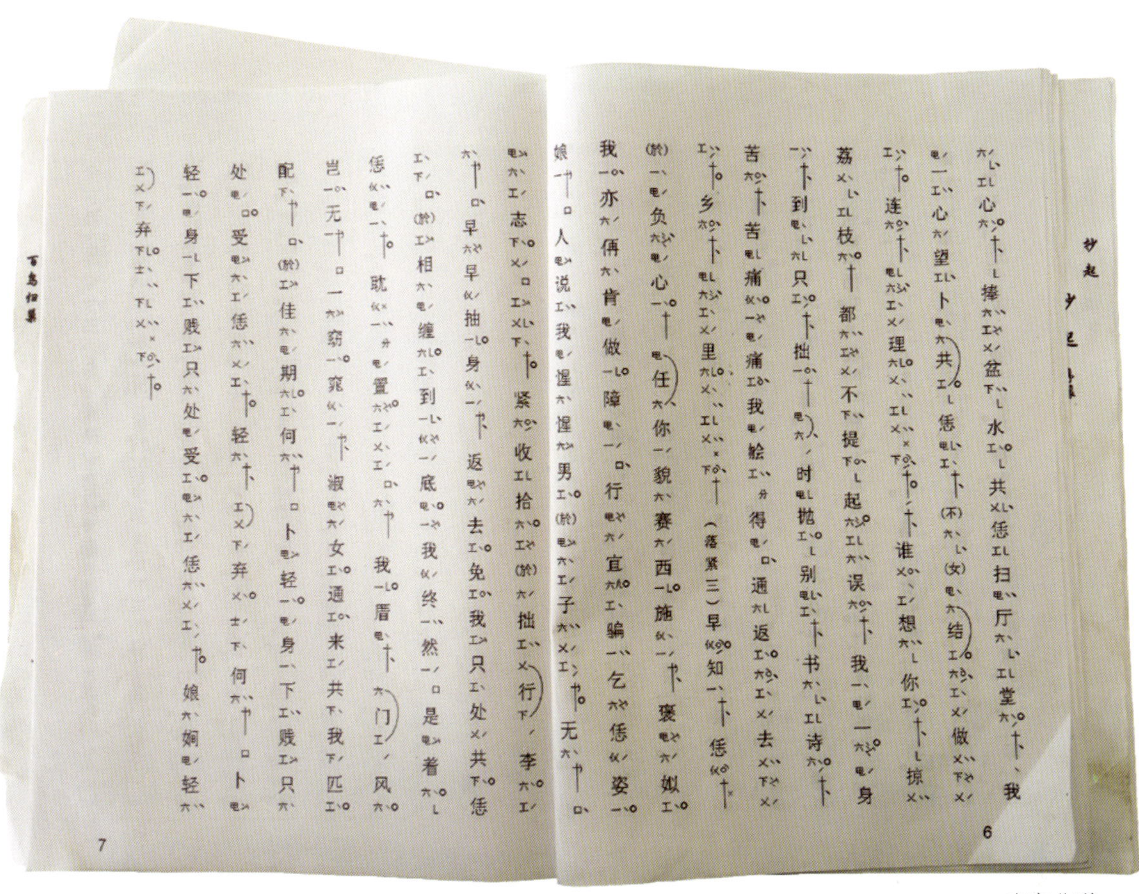

南音曲谱

南音排练场所

南音演奏舞台

历史上，郭氏族人除进行渔业生产及海上商贸活动外，也出现了像郭拔萃这样的武举人。郭拔萃，字超然，号竹圃，武艺超群，智勇双全，任事果敢，清乾隆四十五年（1780）庚子会试，挑选一等第一，授武德骑尉。乾隆四十八年（1783），郭拔萃“挂标厦门”，乾隆五十年（1785）考拔授台湾安平左营左厅。乾隆五十二年（1787）正月，台湾林爽文带军围困诸罗县，郭拔萃奉命领兵星夜前往救援，被火炮击中阵亡，时30岁。在圣墓柱廊外东侧石壁上，嵌有郭拔萃于乾隆四十八年（1783）重修圣坟碑一方。

《郭氏族谱》所收郭拔萃墓志铭

接官亭边保护石碑（一）

在百崎渡口边上，有接官亭一座，为纯花岗岩结构的四角凉亭，正面长度 7 米，前后宽度 6.7 米，总体高度 5 米，占地近 50 平方米。伞形的亭盖向四方倾斜，各方均由长短不一的十来条石板拼凑成一个等腰三角形的平面，四条隆起的亭脊及葫芦形的亭顶均为粗雕的花岗岩石，整个亭盖由 20 根石梁及 16 根方形石柱支撑。四边石柱共 12 根，中央石柱 4 根，16 个础位恰恰成了一个“回”字。据传此石亭为百崎回民的始祖郭仲远为迎接郑和驾临而捐资建造。除此之外，乡中还有传说由郑和带兵协助修筑的“郑和堤”，这些史迹吸引着中外学者来此参观与研究。

接官亭

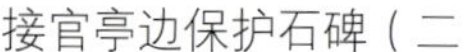
接官亭边保护石碑（二）

接官亭边保护石碑（三）

郑和堤

第五章
文化交融——福建与波斯、阿拉伯文化的交流

经由海上丝绸之路，福建与波斯、阿拉伯世界建立起密切的联系。在最早的时候，无论是冒险者对于财富的追逐，还是传教者对于信仰布道的使命，抑或是旅行家对于异域文化的好奇，人群的流动终究为文化的交流起到极大的推动作用。在这过程中，不仅仅是宗教的传播，同时也包括生活习俗的移易。

从目前福建以及阿拉伯地区所保留下来的衣食住行传统中，我们不仅可以找到双方文化相互投射的影子，并且还能够真实地感受到这种文化的气息与氛围，而这正是双方文化交流、交融中最具生命力，同时也是最为精彩的部分。

第一节　香药：馨香浮海过大洋

自穆罕默德的弟子三贤、四贤入闽传教以来，福建与阿拉伯世界的交流已有一千多年的历史，尔后的商贸往来以及由此所带来的人员流动，更加深了福建与阿拉伯、波斯世界的文化交流。时至今日，我们仍可以在福建找到阿拉伯、波斯世界所留下来的物产与文化。经由阿拉伯、波斯商人运销中国的商品主要包括奇珍异宝、香药、布帛及杂货等，其中仍以香药为大宗。

各色香料

根据《诸蕃志》《岛夷志略》等记录，宋元以来经由阿拉伯、波斯商人舶运而来福建的有乳香、丁香、木香、安息香、降真香、苏合香、金颜香、没药、血碣、阿魏、胡椒、肉豆蔻、无食子、补骨脂、番红花、番泻叶、槟榔、春砂仁、诃子、荜茇、荜澄茄、莳萝、龙涎香、腽肭脐等动植物香料药物。也正是有这么多香药的传入，使泉州地方日常生活中的用香十分普遍，无怪乎元代诗僧宗泐有“泉南佛国天下少，满城香气楠檀绕”的诗句。

乳香，又名薰陆香，为阿拉伯语 Luban 的汉译，薰陆则是梵语 Kunda 或 Kunduru 的转音，产于阿拉伯半岛南部的哈达拉毛地区及东非的索马里、埃塞俄比亚及印度南部等地区，早在汉代便已传入中国。

乳香类似于松脂，为树上自然分泌液体凝结后的颗粒。每年 4—6 月，是乳香收获的季节，当地人会使用一种刀状工具，轻轻刮去乳香树外层的灰色树皮，这样在切口处便会渗出一滴滴白色的树脂，如乳汁一般，故有“乳香”之名。待数周后渗出的树脂凝固成半透明的颗粒，就可以将它刮取下来，刮取后的切口又会分泌出新的树脂。在《南方草木状》中就曾写道：“薰陆香出大秦，在海边，有大树……生于沙中。盛夏树胶流出沙上，方采之。”

乳香树皮渗出的树脂

乳香树

至迟在闽国时期乳香便已传入福建。《新五代史》中的《闽世家第八》就写道："（陈）守元教（王）昶起三清台三层，以黄金数千斤铸宝皇及元始天尊、太上老君像，日焚龙脑、薰陆诸香数斤，作乐于台下，昼夜声不辍。"与泉州密切相关的《诸蕃志》一书卷下也记载："乳香，一名薰陆香，出大食之麻罗拔、施曷、奴发三国深山穷谷中。其树大概类榕，以斧斫株，脂溢于外，结而成香，聚而成块。以象辇之至于大食，大食以舟载易他货于三佛齐，故香常聚于三佛齐。番商贸易至，舶司视香之多少为殿最。"文中所述大食三国均分布在阿拉伯半岛东南部，麻罗拔和施曷自古就以盛产乳香闻名于世，有"乳香国"之称，而奴发位于阿曼境内的佐法儿，是古代阿拉伯地区重要的香料集市。

乳香凝固颗粒

在《宋会要辑稿》中我们还发现有阿拉伯商人名为蒲啰辛的，因载卖乳香来泉后受宋朝嘉奖，不仅被授予官衔，还赐公服履笏。"（南宋绍兴）六年八月二十三日，提举福建路市舶司上言：大食蕃国蒲啰辛造船一只，船载乳香，投泉州市舶，计抽解价钱三十万贯，委是勤劳，理当优异，诏蒲啰辛特补承信郎，仍赐公服履笏，仍开谕以朝廷存恤远人、优异推赏之意。"

乳香既可外用活血，又可内服消炎，能够帮助消化和祛痛。在唐代陈藏器所著的《本草拾遗》中就描述：“盖薰陆之类也。其性温，疗耳聋，中风，口噤，妇人血气，能发酒，理风冷，止大肠泄澼，疗诸疮令内消。”

乳香还被广泛应用于宗教祭祀、丧葬仪式和人们日常的庆祝活动中。很长一段时期，乳香贸易还是阿曼的经济支柱，为其博得“沙漠珍珠”“上帝泪珠”“白色黄金”等美誉。2000年，联合国教科文组织还命名乳香之路（The Frankincense Trail）为世界文化遗产（UNESCO World Heritage Site）。

在1974年出土的泉州湾宋代海船上，发现了6.2克乳香。经鉴定，出土的乳香属于索马里原乳香一类，虽浸泡在海水中700余年，多数成分却未发生明显变化，这也是宋元之际泉州海船与阿拉伯地区往来的重要实物见证。

乳香

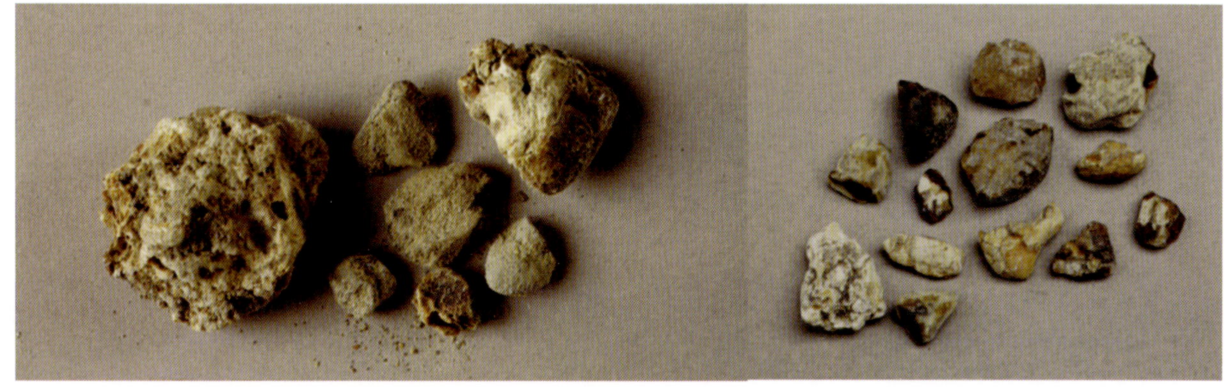

泉州湾宋代海船出土的乳香

降真香，又名降真、降香、鸡骨香、紫藤香，为豆科植物降香檀树干和根的干燥心材，曾是古代域外诸国朝贡中国的物品。早在五代李珣《海药本草》中就写道："降真香，徐表《南州记》云生南海山，又云生大秦国。味温，平，无毒。主天行时气，宅舍怪异，并烧悉验。又按《仙传》云：烧之，或引鹤降。醮星辰，烧此香甚为第一。度箓烧之，功力极验。小儿带之，能辟邪恶之气也。"

降真香植株

降真气味辛温，具有镇痛、止血、抗菌、消炎等功效。《本草纲目》记载："辛温无毒，小儿带之辟邪恶气，疗折伤、金疮，止血定痛，消肿生肌。"在《诸蕃志》中也曾写到降真香在宋代时就已被泉州人广泛使用："降真香，出三佛齐，阇婆、蓬丰、广东西诸郡亦有之。气劲而远，能辟邪气。泉人岁除，家无贫富，皆爇之如燔柴然。"

降真香的花

降真香木

1974 年泉州湾后渚港出土的宋代海船，在出土后尚未脱水的 4 700 多斤香料中，降真香所占比例最大，基本在各舱均有发现。当时随船出土的降真香表里呈绛色，或附有外皮，或皮已脱落，洗净阴干后，仍呈绛色，试用火烧，冒出的烟仍有降真香特有的香味。

泉州湾宋代海船出土的降真香

苏合香植株

苏合香，又称为返魂香，据说是因产于阿拉伯半岛南部的苏合国（今也门的席赫尔）而得名。西汉元封年间以“涂魂香”之名进入长安宫廷，其传入地分别来自今叙利亚、埃塞俄比亚及也门。

宋代苏颂《图经本草》中就写道：“大秦国采得苏合香，先煎其汁以为香膏，是以辗转来达中国者，乃大香也。”关于苏合香油，主要产于大食报达、吉慈尼、弼笆罗、麻离拔和大秦等地。《诸蕃志》记载：“苏合香油，出大食国。气味大抵类笃耨，以浓而无滓为上，番人多用以涂身，闽人患大风者亦仿之，可合软香，及入医用。”

苏合香

苏合香油

胡椒植株

胡椒，为波斯语 Pilpil 和阿拉伯语 Filfil 的汉译，原产于印度西南海岸西高止山脉的热带雨林中，尤以印度的马拉巴尔地区出产的最为著名，至迟于西晋时便已传入中国。西晋司马彪在《后汉书》中就写道："天竺国出石蜜、胡椒、黑盐。"

至唐代，人们对胡椒的认识有所加深，这与广州开辟的"通海夷道"联通海外诸国有密切关系。《酉阳杂俎》一书中就提到："胡椒，出摩伽陀国，呼为昧履支。其苗蔓生，茎极柔弱，叶长寸半，有细条与叶齐，条上结子，两两相对，其叶晨开暮合，合则裹其子于叶中，子形似汉椒，至辛辣，六月采，今人作胡盘肉食皆用之。"

元代，胡椒的交易量进一步变大。马可·波罗在其游记中就提到："刺桐城的沿海有一个港口，船舶往来如织，装载着各种商品，驶往蛮子省的各地出售。这里的胡椒出口量非常大，但其中运往亚历山大港以供应西方各地所需的数量却微乎其微，恐怕还不到百分之一。刺桐是世界最大的港口之一，大批商人云集于此，货物堆积如山，买卖的盛况令人难以想象。"

红胡椒　　绿胡椒

作为重要的调味品，胡椒又有“黑色黄金”之称，并曾是推动西方地理大发现的重要香料之一。历史上像胡椒这样的香料，在欧洲的价格甚至比黄金还要昂贵，所以在中世纪的欧洲，人们常用“贵如胡椒”这句法国谚语来形容某件商品非常贵重。

当胡椒植株上果穗基部的果实开始变红时，剪下果穗，晒干或烘干后，即成黑褐色，这种通常被称为黑胡椒，高质量的黑胡椒主要产自泰国、马来西亚、印度和巴西等地。如全部果实均已变红时采收，用水浸渍数天，除去外皮晒干，则表面呈灰白色，被通称为白胡椒，白胡椒以苏门答腊和沙捞越这两个地区的最好。目前我国广东、福建、广西、云南等省区均陆续引种，并试种成功。

黑胡椒

白胡椒

胡椒性辛，味热，有温中、下气、消痰、解毒的功效，起到健胃消食、温中散寒的作用，主治寒痰食积、脘腹冷痛、反胃、呕吐清水、泄泻、冷痢等症状。《海药本草》中就曾写道："去胃气虚冷，宿食不消，霍乱气逆，心腹卒痛，冷气上冲，和气。"

在1974年出土的泉州湾宋船上，也出土了近5升的胡椒，它们混杂在船体各舱近底部厚约0.3—0.4米的黄色沉渣中，出土时还夹有类似棕叶和竹编的残片，有些胡椒还夹在叶与叶之间的夹缝中。经过淘洗，这些胡椒颗粒大致保存完好，颜色大部分呈白色，其中也有部分为棕黑色，这也是海船出土香药中在质量上仅次于香料木的药物。

泉州湾宋代海船出土的胡椒

槟榔，又称槟榔子、槟楠、大腹子、橄榄子等，果核如橄榄，味辣，可入药，主要分布在非洲中部及东南亚，中国东南沿海地区也有引种，栽培历史已有一千多年，历史上福建与广东也多有种植食用。唐代刘恂在《岭表录异》中就写道："真槟榔来自舶上，今交广生者皆大腹子也，彼中悉呼为槟榔。或云，槟榔难得真者，今贾人所货者，皆是大腹槟榔也，与槟榔相似，但茎、叶、干小异尔，连皮收之。"

槟榔树

槟榔树上的果实

早在晋代《南方草木状》中，对于槟榔树的形态、如何食槟榔也都做了描述："槟榔，树高十余丈，皮似青桐，节如桂竹，下本不大，上枝不小，条直亭亭，千万若一，森秀无柯。端顶有叶，叶似甘蕉，条派（脉）开破，仰望眇眇，如插丛蕉于竹杪，风至独动，似举羽扇之扫天。叶下系数房，房缀数十实，实大如桃李，又生棘重累其下，所以御卫其实也。味苦涩。剖其皮，鬻其肤，熟如贯之，坚如干枣，以扶留藤、古贲灰并食，则滑美，下气消谷。出林邑。彼人以为贵，婚族客必先进，若邂逅不设，用相嫌恨。"这段文字值得我们注意的还在于当时人们已经将槟榔作为待客必备物品之一。南宋周去非《岭外代答》云："自福建、下四川与广东西路皆食槟榔者。客至不设茶，唯以槟榔为礼。"这种习俗一直延续到清代，屈大均在《广东新语》还提到："凡食槟榔必以蒌叶为佐，而以蚌灰为使，否则槟榔味涩不滑甘。"也就是说食槟榔必须用蒌叶、蚌灰伴食，其味才会滑甘。

关于闽广人为何喜食槟榔，前人也多有论述。宋代罗大经在《鹤林玉露》中就曾提到“岭南人以槟榔代茶御瘴”的四大功效，吴兴人章杰在《瘴说》一文中也赞道：“岭表之俗，多食槟榔，日至十数。夫瘴疠之作，率因饮食过度，气痞积结，而槟榔最能下气消食去痰，故人狃于近利，而暗于远患也。夫峤南地热，四时出汗，人多黄瘠，食之则脏器疏泄，一旦病瘴，不敢发散攻下，岂尽气候所致，槟榔盖亦为患，殆未思尔。又东阳卢和云，闽广人常服槟榔，云能祛瘴。”

泉州湾宋代海船出土的槟榔

槟榔味苦、辛，性温，具有消积、化痰、疗疟、杀虫、利尿、强齿等功效，可治虫积、食滞、脘腹胀痛、泻痢后重、疟疾、水肿、脚气、痰癖等症状。现代药理研究也证实槟榔富含槟榔碱等生物碱，具有强大的驱绦虫作用，对姜片虫、蛲虫等均有很好的麻痹作用。

在泉州湾宋代海船上，也在第三、六、九、十一、十二等舱出土了51粒槟榔，其中完整的有17粒，残缺的11粒，还有23块碎片。这些槟榔在出土时呈黑色，最大的直径2.5厘米，最小的直径1.8厘米，其中仅有一粒是附有外层的“大腹皮”，这些应该是船员从东南亚等国家运载留存下来的。

龙涎香，又称阿末香，为阿拉伯语 Anbar 的音译，是抹香鲸肠内分泌物的干燥品。早期人们以为这是海里的“龙”在睡觉时流出的口水，滴到海水中凝固起来，经过天长日久便成了“龙涎香”。《岭外代答》“龙涎”条称：“大食西海多龙，枕石一睡，涎沫浮水，积而能坚。鲛人采之，以为至宝。新者色白，稍久则紫，甚久则黑。因至番禺尝见之，不薰不莸，似浮石而轻也。人云龙涎有异香，或云龙涎气腥，能发众香，皆非也。龙涎于香本无损益，但能聚烟耳。和香而用真龙涎，焚之一铢，翠烟浮空，结而不散，座客可用一剪分烟缕，此其所以然者，蜃气楼台之余烈也。”

刚刚排入海中的龙涎香香体，起初为浅黑色，呈不透明的蜡状胶块，也有呈黑褐色如琥珀，西方将之称为“灰琥珀”，经阳光、空气和海水长年洗涤后会逐渐变硬、褪色并散发香气，颜色也会由深转浅，最后变为白色。白色的龙涎香一般要经过海水浸泡百年以上，品质也最好，既是现代制造最名贵香料的原料，也是制作香水的定香剂。因其名贵，几乎与黄金等价。龙涎香质脆而轻，嚼之如蜡，能粘齿，气微腥，味带甘酸。作为药用，有活血、益精髓、助阳道、通利血脉的功效，主治神昏气闷、心腹诸痛、消散症结、咳喘气逆等症。

故宫收藏的龙涎香

龙涎香

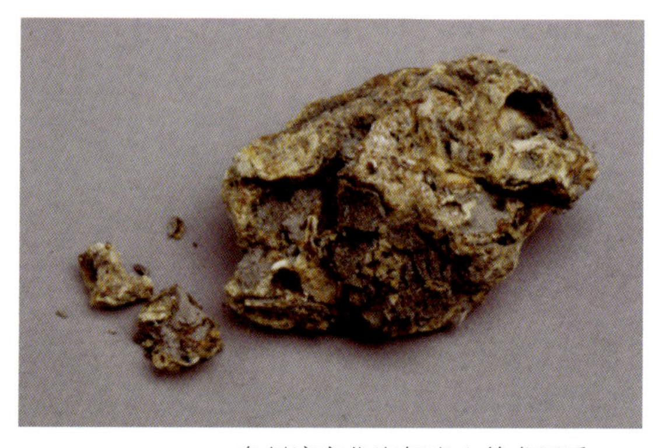

泉州湾宋代海船出土的龙涎香

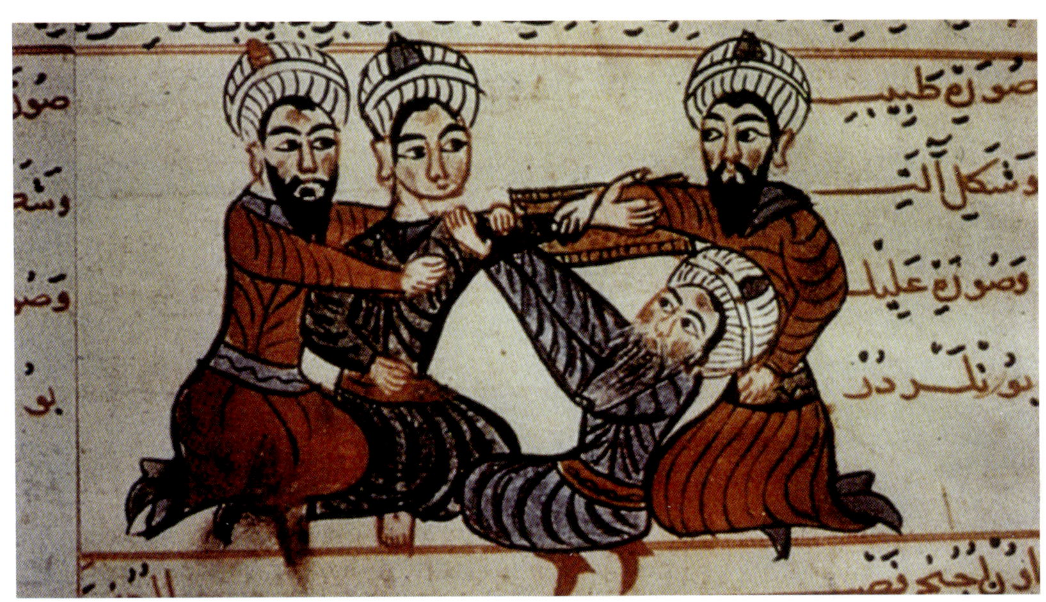

古代阿拉伯骨折疗法

在泉州湾宋代海船的第二、三、五、六、九、十、十三等舱近底部的黄色沉渣中，在与乳香及胡椒等混杂物中，也出土了 1.1 克的龙涎香，经过鉴定，发现其纯度较高，色灰白，嗅之尚有一些带腥味的香气。

外来香药的传入，极大地丰富了中国的药材品种，并很快被中医所吸纳选用，经常出现在《海药本草》《政和证类本草》《本草纲目》等医药典籍中，此外，阿拉伯疗法及药方也传入中国。漆侠先生曾高度评价：“香料之进口，丰富了我国药物的内容，促进了我国古代医学和保健事业的发展，对宋政府的财政收入，也有着重大的作用。”

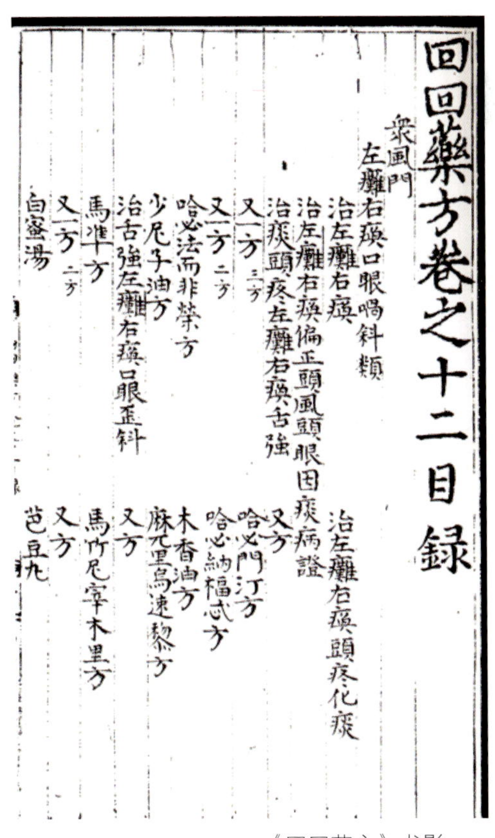

回回藥方卷之十二目録

衆風門

左癱右瘓口眼喎斜類

治左癱右瘓　治左癱右瘓頭疼化痰

治左癱右瘓偏正頭風頭眼因痰病證

治痰頭疼左癱右瘓舌強　又方

又一方 二方　哈必門汀方

又一方 二方　哈必納福忒方

哈必法而非荣方　木香油方

少尼子油方　麻尤里烏速黎方

治舌強左癱右瘓口眼歪斜　又方

馬準方　馬竹尼牽木里方

又一方 二方　又方

白蜜湯　芭豆丸

《回回药方》书影

阿拉伯市场上售卖的肉桂

更值得一提的是，外来香药改变了国人的生活结构与方式，其既可作为治病、防病的药材，又可作为调节空气的香薰品。除了药用功效外，随着人们对香药认识的深入，许多香药也被引入到食品的加工中，这样不仅使食物更为鲜美，而且可以保存得更为长久，这也逐渐改变了人们原有的饮食结构。

当然，香料药物的交流也是相互的，中国本土的药材也随着阿拉伯商人运销到东南亚、欧洲及阿拉伯地区，阿拉伯医师很早就使用肉桂、麝香、大黄、川芎等中国药材为病人治疗。13 世纪阿拉伯著名药物学家伊本·巴伊塔尔（IbnAl-Baytr）在《药草志》一书中记录了来自阿拉伯、印度和远东的各种药草产品，其中就包括来自中国后又传入印度的高良姜、麝香、大黄、肉桂等。

肉桂，又名大桂、中国桂皮，原产于缅甸及印度东北部的阿萨姆邦，被中国引种，但具体引种时间不详，只知道在两千多年前的《尔雅》中就已有使用桂皮的记载，此后在汉唐时期被广泛用于食品调香、熏香及防腐等方面。现广西、福建、台湾等省区均有栽培，其中尤以广西出产最多、质量最好。此外，在老挝、越南、印度尼西亚等地也有种植。因西方世界在历史上曾从中国大量进口，所以又被称为中国桂皮。

肉桂

美国学者劳费尔的《中国伊朗编》认为，肉桂的波斯名字 dār-čīnī/dār-čīn、阿拉伯语 dār-ṣīnī（意为“中国木”或“中国树皮”）足以说明它是波斯人和阿拉伯人从中国得来的。在 844—848 年之间著书的伊宾·赫达日贝是伊斯兰作家中最早把肉桂列为中国出口产品之一的作家。从中古时期的这些记述中，我们认为正是阿拉伯商人或波斯商人将肉桂带往中东地区的。

肉桂粉

肉桂具有独特的芳香，是世界上最古老的香料之一。除了作为香料外，它还是重要的药材，具有补元阳、暖脾胃、除积冷、通血脉的功效，是温肾补火、祛寒止痛的良药。在中医中，肉桂还与燕窝、鹿茸、人参等一起被推崇为中华四大养生补品。

大黄植株

大黄种子

大黄，又名将军、黄良、火参、牛舌，广泛分布于中国陕西、甘肃东南部、青海、四川西部、云南及西藏东部。作为中医基本药材之一，医家“以人参、附子、熟地、大黄为药中四维，更推人参、地黄为良相，大黄、附子为良将”。作为“药中四维”的一维，大黄在阿拉伯医学及传统西医中都有着重要影响，甚至比大黄在中国的用途还更为广泛。

伊本·巴伊塔尔在《药草志》中提到：“中国大黄，是来自中国，按照商人们的说法，乃一种植物的根茎，刚从地里拔出来时，很像芋头。这种软根被分作二三个断片，用线串起来，吊在空中晾干，运往它地。……大黄从海上运到我们出口的国家，即波斯。因为同样的理由，又称其突厥大黄，其原因是来自突厥地区和中国。这和所称作的伊拉克麝香的道理是一样的，因为麝香是印度经由伊拉克运到我们这里来的。”《西药大成》中提到大黄时也说：“阿喇伯国有数种，名曰印度者、哥刺森者、中国者。其中国者，名拉温特秦依（rewund sini）。”

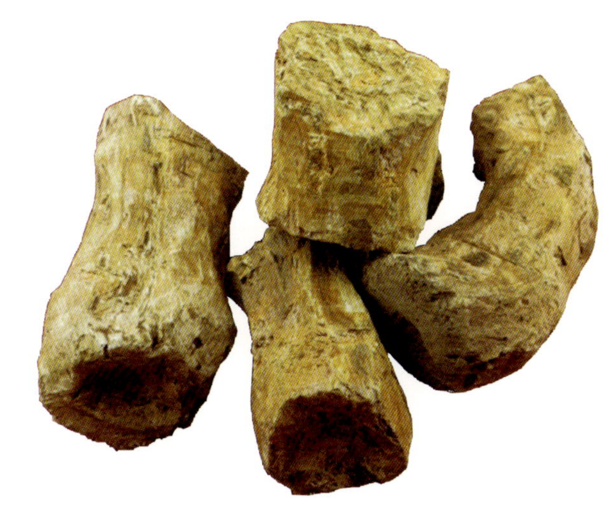
大黄根茎

波兰耶稣会士卜弥坚于明末来到中国，提到收获大黄的一般方法："大黄根茎新鲜时采挖，一般都在冬天，以采集到品质最好的大黄。将根茎置于长桌上阴干，每日要细翻三四遍，连续三到四天。要避免太阳暴晒，否则会降低大黄的药效。"

大黄味苦，性寒，气清香，具有泻热通肠、凉血解毒、逐瘀通经的功效。用于实热便秘、食积痞满、瘀血经闭、黄疸水肿、暴眼赤痛等症。阿拉伯医书《药草志》中也多次提及大黄的用法，认识到"大黄可治因胃衰弱而引起的腹泻，用大黄之油汁涂搽，治疗筋腱断裂、神经疼和抽筋。对体内各器官，有强健、疏通并消除其余液之作用，对肝脏之疗效尤为明显"。

中古时期的中药外传，极大地促进了中国与阿拉伯、波斯世界的通商贸易与友好往来，这不仅在海上丝绸之路交流史上写下了浓墨重彩的一笔，从中我们也可看到中国香药为发展和丰富世界医药学所做出的贡献。

第二节　花卉：福建绽放异域花

植物种子的传播，除了最早依靠自然界中的风与海水，也经由鸟类及其他动物的迁徙携带，然而方向更具指向性且距离更为遥远的，还是在人类借助传统船只所引发的。历史上经由波斯、阿拉伯地区传入福建的花卉主要有素馨花、芦荟、茉莉花、指甲花、水仙等，如果不去深究，其实很多本地人并不知道这些他们生活中经常看到的花卉竟是不远万里来到福建的。

白色素馨花

素馨花，又名耶悉茗花、野悉蜜、玉芙蓉等，原产于大秦，波斯等地也有栽种，后传入拂林、西域，于汉代传入中国南方地区，花多白色，极芳香。东晋《南方草木状》在“指甲花”条中就附记：“（指甲花）其树高五六尺，枝条柔弱，叶如嫩榆，与耶悉茗、末利花皆雪白，而香不相上下，亦胡人自大秦国移植于南海。”

唐代段成式在《酉阳杂俎》中也提到：“野悉蜜，出拂林国，亦出波斯。苗长七八尺，叶似梅叶，四时敷荣。其花五出，白色不结子，花若开时，遍野皆香，与岭南詹糖香相类。西域人常采其花，压以为油，甚香滑。”

宋代时，素馨花在广东与福建等地种植已极为普遍。洪适有诗云："繁盛闽南粤，潜藏霜雪天。素云生宝髻，剩馥借龙涎。"其性平，微苦，有舒肝解郁、行气止痛的功能。此外，素馨花还是古代香水的主要原材料之一。《铁围山丛谈》中就写道："至五羊效外国造香，则不能得蔷薇，第取素馨茉莉花为之，亦足袭人鼻观，但视大食国真蔷薇水，犹奴儿。"古代福建妇女亦常将之点缀头饰。也因宋代"万里来商舶"，素馨花经由福建北传江浙及东北等地，使之成为人们喜爱的庭院植物。《盛京通志》就明确写道："素馨，本出福建，今郊原有之，黄白二色，白者团而小，香胜茉莉。"

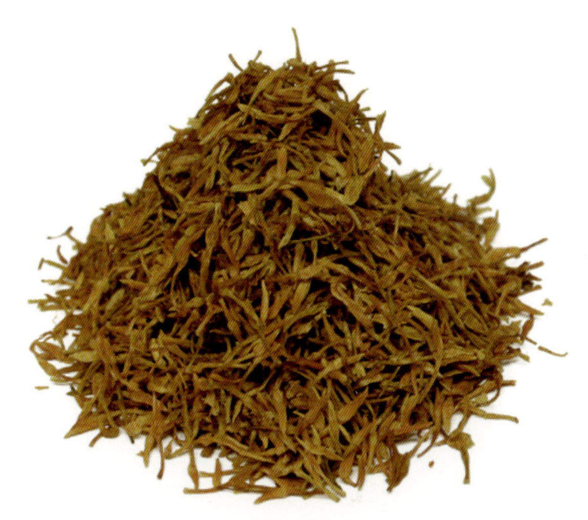

素馨花干

黄色素馨花

芦荟花

芦荟，又被称为讷会、奴会、劳伟、象胆，在阿拉伯语中发音为 Alua，波斯语名 Alwa，原产于地中海沿岸、非洲，尤以索马里所产最为著名，东汉时传入中国。在《政和证类本草》中就提到："芦荟，一名讷会，一名奴会，俗呼为象胆，盖以其味苦如胆故也。生波斯国，状似黑锡。"

因芦荟易于栽种，且为花叶兼备的观赏植物，故颇受大众喜爱。宋时福建已有种植。《诸蕃志》载："芦荟出大食奴发国，草属也。其状如鲎尾，土人采而以玉器捣研之，熬而成膏，置诸皮袋中，名曰芦荟。"

芦荟味苦，性寒，主治泻下通便、清肝泻火、杀虫疗疳，于热结便秘、惊痫抽搐、小儿疳积等症状颇有效果，对于皮肤粗糙、面部皱纹、疤痕、雀斑、痤疮等均有一定疗效，是民间美容、护发和治疗皮肤疾病的天然药物。中医还以其叶汁浓缩干燥后所得块状物作为药物进行防腐，芦荟胶对蚊虫叮咬也有一定的止痒作用。可见芦荟是集食用、药用、美容、观赏于一身的植物。

茉莉，亦作末利、没利、抹利、抹丽，原产于西域，中心产区在波斯湾附近，主要分布在今伊朗、埃及、土耳其、摩洛哥、阿尔及利亚、突尼斯，以及西班牙、意大利等地中海沿岸国家，印度以及东南亚各国均有栽培。中国也有栽种，目前所见最早的文献描述是在《南方草木状》中：“耶悉茗花、末利花皆胡人自西国移植于南海，南人怜其芳香，竞植之。”

茉莉花的引种路线，大致为唐初之前由海上丝绸之路移植南海即岭南地区，五代时由岭南传到福建，在泉南、漳北一带颇为兴盛。曾于宋乾道年间担任泉州知州的王十朋就有诗句“没利名嘉花亦嘉，远从佛国到中华”。宋人张邦基在《闽广茉莉说》中也写道：“闽广多异花，悉清芬郁烈，而茉莉为众花之冠。岭外人或云抹丽，谓能掩众花也，至暮则尤香。今闽人以陶盎种之，转海而来，浙中人家以为嘉玩。”

茉莉花

茉莉花有理气开郁、辟秽和中的功效，并对痢疾、腹痛、结膜炎及疮毒等具有很好的抗菌消炎解毒的作用。常饮茉莉花茶，有清肝明目、生津止渴、祛痰治痢、通便利水、祛风解表、坚齿强心、益气力、降血压、抗衰老之功效。

茉莉花干

红色指甲花

白色指甲花

指甲花，因其花头、翅、尾翘然如凤状，故学名又称为凤仙花。在中东、印度等地被称为海蒳，为阿拉伯语Hinna的音译。其原产于波斯，在地中海东岸一带也十分常见，埃及人很早就用花汁来染手指，此后希伯来人、叙利亚人则用它来制作花环。指甲花于唐代即已传入中国，在段公路的《北户录》中便已提到："指甲花，细白色，绝芳香，今蕃人种之，但未详其名也。又耶悉弭花，白末莉花，皆波斯移植中夏。"

因指甲花植株本身特有的天然植物色素，同时具有很强的抑制真菌的作用，既是纯天然、对指甲无任何伤害的染色方法，又能治疗灰指甲、甲沟炎。鲜草捣烂外敷，可治疮疖肿疼、毒虫咬伤，种子为解毒药，有通经、催产、祛痰、消积块的功效。历史上，阿拉伯人很早就开始种植指甲花，尤其是阿拉伯女子喜欢用它的汁液来染指甲和修饰自己。在阿拉伯人的传统婚礼中，进洞房之前还有一个夜晚被称为"染指甲之夜"。元人陆琇卿在《醉花阴》中也有"曲阑凤子花开后，捣入金盆瘦。银甲暂教除，染上春纤，一夜深红透"的词句。

粉色指甲花

周密在《癸辛杂识·续集》之“金凤染甲”条也写道:“凤仙花红者用叶捣碎，入明矾少许在内，先洗净指甲，然后以此付甲上，用片帛缠定过夜。初染色淡，连染三五次，其色若胭脂，洗涤不去，可经旬，直到退甲，方渐去之。或云此亦守宫之法，非也（今老妇人七八旬者亦染甲）。今回回妇人多喜此，或以染手并猫狗为戏。”阿拉伯女子还喜欢染手后逗趣猫狗。宋代大量的阿拉伯商人来到泉州进行商贸活动，也便将这一植物带到泉州。

水仙，又被称为凌波仙子、金盏银台、落神香妃、玉玲珑，原产于波斯湾地区，在中古波斯语中被叫为 Nargi，“奈柢”为其汉译，于唐代传入中国，至今已有一千多年栽培历史。段成式《酉阳杂俎》对之曾有过如此描述：“奈柢，出拂林国。苗长三四尺，根大如鸭卵。叶似蒜叶，中心抽条甚长。茎端有花六出，红白色，花心黄赤。不结子。其草冬生夏死，与荠麦相类。取其花，压以为油，涂身，除风气。拂林国王及国内贵人皆用之。”

水仙因鳞茎形状颇似洋葱、大蒜，故六朝时称之为“雅蒜”，宋人又称之为“天葱”。自水仙传入中国以来，就以其亭亭玉立的秀姿，玉洁冰清、素雅清香的神韵，被士人所喜爱，并成为传统绘画的主要题材之一。

据传在宋代，有一闽籍的京官告老回乡，当他乘船南返，将要回到家乡漳州时，见河畔长有一种水本植物，开着芳香的小白花，便叫人采集一些，带回培植，随后便在福建传种开来，目前国内以上海崇明区和福建漳州水仙最为有名。

水仙花在漳州等闽南地区得到广泛种植，当地花工还别出心裁，对水仙花进行雕刻。通过对鳞茎球的定向刻除，以及叶片与花枝的扭转弯曲，使水仙花表现出更为丰富的造型及姿态。

这些花卉的传入，丰富了福建本土植物的色彩版图。人们不仅将之用于居室的布置，成为案头清供，同时也用于头饰或肢体的装点与涂饰。此外，还极大地激发了人们的诗情，许多诗文篇章就是歌咏它们的，而且还成为画家进行创作的选用题材。有些花卉还因其自身的药用特性，成为服用的药材，完成了外来植物的在地化过程。

水仙花

第三节　珍宝：随舶琛贡入中国

南宋建阳（今南平市建阳区）人祝穆在《方舆胜览》一书中曾提到侨居泉州的番人，以及当时经由泉州港传入福建的异域物产："土产番货，诸番有黑白二种，皆居泉州，号'番人巷'。每岁以大舶浮海往来，致象犀、玳瑁、珠玑、玻璃、玛瑙、异香、胡椒之属。"根据《宋史·外国传》《诸蕃志》《岭外代答》等史书，我们可以看到古代由阿拉伯、波斯商人传入福建的奇珍异宝有象牙、犀角、玳瑁、珊瑚、真珠、琉璃、琥珀、玛瑙、珠贝、水晶、宝玉、玉圭等。

象牙，为大象上腭门牙，以质地细密而有光泽者为佳，过去多被雕制为饰物或工艺美术品。按象的产区，可分为亚洲象与非洲象。就亚洲象分布来看，在印度、斯里兰卡、马来西亚、印度尼西亚、苏门答腊、中南半岛及我国均有其踪迹，非洲象则分布在东非到埃及以西大片地区，坦桑尼亚、埃塞俄比亚等地至今仍可见野生大象。

象牙制品

象牙

《诸蕃志》载："象牙，出大食诸国及真腊、占城二国，以大食者为上，真腊、占城者为下。大食诸国，惟麻啰抹最多。"麻啰抹为亚丁湾东岸，历史上并不是大象主要产区，而是象牙集市或转运站。

象牙的来源包括大象的自然换牙、自然死亡及人为猎杀，"猎者用神劲弓，以药箭射之，象负箭而遁，未及一二里许，药发即毙。猎者随毙取其牙埋诸土中，积至十余株，方搬至大食"。这些由阿拉伯商人运来的象牙，完整的基本是作为贡品或制作工艺品的原料，那些切下的碎块，则发挥了药用价值，其性寒、味甘，有清热镇惊、解毒生肌的疗效，可治痫病惊悸、骨蒸痰热、痈肿疮毒等症。

犀角

犀角，产于东南亚及非洲，故有亚洲犀角及非洲犀角之分。非洲犀角主要从当地的黑犀与白犀中获得，它们生活在撒哈拉沙漠南部及肯尼亚、乌干达等地。在阿拉伯国家，人们把犀牛角看作社会等级的象征。

关于犀角的获得，也分自然脱落及人工猎取两种，对此《诸蕃志》称："猎人以硬箭自远射之，遂取其角，谓之生角；或有自毙者，谓之倒山角。角之纹如泡，以白多黑少者为上。"

清中期犀角雕海兽纹杯

由于犀角得之不易，因此犀角制成品也就成为古代等级尊卑的标志之一。雕刻师会根据犀角的天沟地冈进行随行布势，制作成各式杯、槎等。

犀角还有清热凉血、定惊解毒、泻肝凉心的功效，可治伤寒瘟疫、惊狂烦躁、狂言妄语、痈疽肿毒等症。

17—18世纪犀角雕“群仙祝寿”图杯

清康熙至雍正年间犀角雕“芙蓉秋虫”图杯

玳瑁手串

清代玳瑁嵌宝石手镯

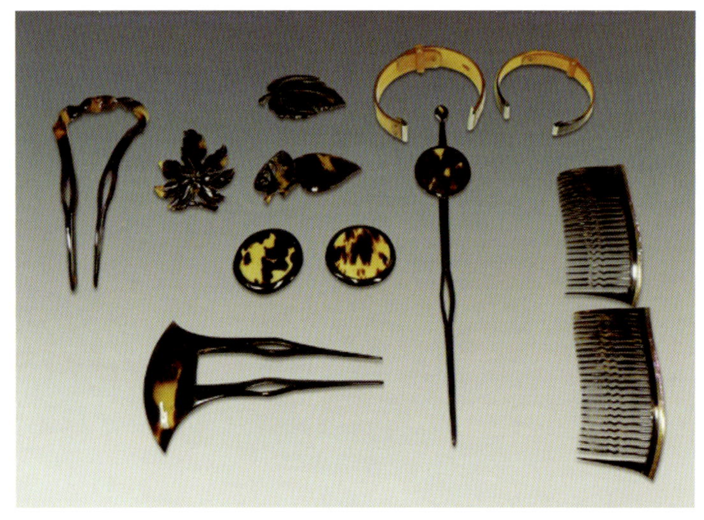
清代玳瑁饰品十二件

玳瑁，又名瑇瑁、文甲、十三鲮龟，属于爬行纲海龟科动物，主要生活在印度洋、太平洋和大西洋等热带和亚热带海域，经常出没于珊瑚礁中，在分布上一直延伸至亚洲沿岸，包括波斯湾和红海、印度次大陆的整个海岸线沿线。

作为进口货物的玳瑁，则是特指玳瑁的背甲，属于有机宝石类的一种，因其色彩斑斓的花纹，且在质地上呈微透明至半透明，具有蜡质至油脂光泽，受到人们的喜爱，享有“海金”之称。可作为首饰如手镯、手串、簪钗的原材料，也可用于制作梳子、扇子、盒子等，还可以制成古筝义甲及琵琶的拨子等。在泉州湾宋代海船的第十二舱中，也出土了一件径宽0.5厘米的弯形玳瑁。

玳瑁百宝箱

由于玳瑁产于海洋深处，不易捕获，也属贵重药材，其性寒，味甘咸，具有清热、解毒、镇惊的功效，可用于治疗热病惊狂、神昏谵语、小儿惊痫、疮痈肿毒等症。《本草纲目》载：“玳瑁，解毒清热之功，同于犀角，古方不用，至宋时‘至宝丹’始用之也。”

虎斑玳瑁盏

泉州湾宋代海船出土的玳瑁

珊瑚树

珊瑚，为海底腔肠动物，主要生长在年平均温度高于 20 ℃的赤道及其附近的热带、亚热带海域，因其枝桠连亘，古人一直将之误认为植物，所以又称珊瑚树。珊瑚质坚硬如瓷，不易折断，可做药材和装饰品，地中海、红海、波斯湾古时皆有所产，有“红色黄金”之称。

《证类本草》称：“波斯国海中，有珊瑚洲。海人乘大舶，堕铁网水底……铁发其根，系网舶上，绞而出之……”《诸蕃志》也写道：“珊瑚树，出大食毗喏耶国。树生于海之至深处，初生色白……土人以丝绳系五爪铁锚儿，用乌铅为坠，抛掷海中，发其根，以索系于舟上，绞车搭起，不能常有，蓦得一枝，肌理敷腻，见风则干硬，变为干红色。以最高者为贵，若失时不举，则致蠹败。”

红珊瑚

珊瑚有去翳明目、安神镇惊的功效，可治心神昏冒、心肺郁热、吐衄不止等症状。古代航海者还相信佩戴红珊瑚可以防闪电、飓风，使风平浪静，旅途平安。

珍珠，亦称真珠、蚌珠，波斯湾的巴林岛、斯里兰卡马纳尔湾的马里朱库迪港等均是古代的产珠中心，我国广西合浦也是重要的珍珠产出地。《诸蕃志》就曾写道："真珠，出大食国之海岛上，又出西难、监篦二国，广西湖北亦有之，但不若大食、监篦之明净耳。"当时的番商为规免市舶司的抽解，还将珍珠置于夹襦内及伞柄中。

珍珠

在南宋周密的《癸辛杂识·续集》一书中也可看到，当时泉州有穆斯林商人名为佛莲，为蒲氏亲族，在其家中就藏有大量的珍珠，可见泉州当时海外贸易之盛。"泉南有巨贾南番回回佛莲者，蒲氏之婿也。其家富甚，凡发海舶八十艘。癸巳岁（至元三十年，1293）殂，女少无子，官没其家赀，见在珍珠一百三十石，他物称是。"

隋李静训墓出土珍珠金饰

南汉康陵出土琉璃器

琉璃，又称瑠璃、璧流离，阿拉伯语名 Bullur，最早出现在两河流域，随后埃及也开始生产，并传入中国。在福州出土的一些唐代伊斯兰玻璃残片，说明古代玻璃器曾通过海上丝绸之路传入福建。《诸蕃志》也提到："琉璃，出大食诸国。烧炼之法与中国同。其法用铅硝、石膏烧成。大食则添入南鹏砂，故滋润不烈，最耐寒暑，宿水不坏，以此贵重于中国。"

这些传入中国的阿拉伯珍宝，丰富了当时国人对异域的认识与想象，也拓展了传统手工艺制作的外延，其中许多也被中国匠人吸收并发扬，制作出更为精美的艺术品流传于世。

阿拉伯琉璃

第四节　礼俗：日常生活与节庆

福建向海而立、因海而兴，千百年来，沿着海上丝绸之路的轨迹，各国使节、商人、船员和传教士频繁往来，在此繁衍生息、生活贸易、习俗互鉴。“云山百越路，市井十洲人。执玉来朝远，还珠入贡频。”“秋来海有幽都雁，船到城添外国人。”“苍官影里三州路，涨海声中万国商。”“缠头赤脚半蕃商，大舶高樯多海宝。”这些诗句就是对中古时期福建海外贸易兴盛、番商云集的最好写照。

也正是在这个时期，古波斯、阿拉伯等地区的文化在福建得到广泛传播，并与古闽越文化、中原文化交汇交融、多元共生，从而勾画出福建国际贸易的盛景，演绎着海丝传奇故事，并孕育了海纳百川、多元荟萃的福建文化。

《刺桐繁盛图》

由穆斯林带来的伊斯兰教文化迥异于福建文化，充满异国情调的风俗习惯，独特的婚俗、葬式等，大大丰富了福建地方文化，令宋元时期的福建变得多姿多彩、魅力无限。

头巾作为穆斯林的传统装饰，其历史可以追溯到亚述时代，当时的亚述帝国为使贵族女子与不遮面的女奴区别开来，专门颁布了遮面的法律。《亚述法典》写道："如果男人的妻女走上街头，她们就必须戴上面纱。妓女则不能戴面纱，女仆也不能戴面纱。"此后这一佩戴传统又被阿拉伯人所继承，并演化出 HIDSCHAB、AL—AMIRA、CHIMAR、TSCHADOR、NIKAB 和 BURKA 等多种款式的头巾包法。在泉州，妇女也普遍使用头巾（俗称"番巾"）包头，这或许与伊斯兰教侨民留存下来的遗风有关。

穆斯林女子头巾包法示例

泉州妇女头戴"番巾"习俗

唢呐与泉州古曲谱

阿拉伯地区琵琶弹奏方式

泉州古老的乐曲南音，又被称为“中国音乐史上的活化石”。在南音乐队组合形式的“下四管”属吹打乐队中，乐器无论是在造型、组合还是演奏方式上，都保留了古老的传统。南音乐器有南嗳（中音唢呐）、琵琶、三弦、二弦、响盏、狗叫、铎（木鱼）、四宝、声声（铜铃）、扁鼓，共十种，故又称“十音”。

在南音及福建地方戏种如梨园戏、高甲戏、木偶戏等音乐演奏中，有一种重要乐器叫唢呐，泉州人叫“嗳仔（南嗳）”，西北穆斯林称为“苏尔奈”，是从波斯、阿拉伯一带传入的古老乐器。日本学者林谦三在其《东亚乐器考》一书中谈及唢呐的起源时就认为：“中国的唢呐，出自波斯、阿拉伯的打合簧（复簧）乐器苏尔奈。”而就唢呐的名称来看，其实也是古代波斯语 Surnā 的音译。唢呐声音清扬，音色优美。

南音琵琶弹奏方式照

南音演奏中所使用的琵琶又被称为“南琶”，是保持唐代形制的曲项琵琶，它最早是在东晋时期由波斯传入我国新疆、甘肃一带的。演奏时采用横抱姿势，这有别于现在北方琵琶竖抱的弹奏姿态，在五代顾闳中所绘的《韩熙载夜宴图》中，我们也可以看到这种横抱琵琶的图像。日本奈良国立博物馆在“第62届正仓院展”上展出五弦琵琶时，其陈列方式接近唐代琵琶弹奏的真实姿势，也是保持上斜的姿态。南琶弹奏时低音淳厚沉抑，中音明快柔和，高音坚实清脆、紧张尖锐。

《韩熙载夜宴图》局部

阿拉伯书法是阿拉伯文字书写的艺术，在伊斯兰世界中没有哪类艺术家可以享受到比书法家更高的社会地位。阿拉伯文字也被认为是神圣的，是真主赐予人们《古兰经》时所使用的媒介。阿拉伯书法非常重视文字本身的形式美，因此其书法讲究节奏感、装饰性和纹样。

阿拉伯书法在传入中国后，将汉字书法融入到阿拉伯书法艺术创作中，并最终形成了具有中国风格的阿拉伯文书法艺术，这其中就包括了经字画，同时也采用了中堂、条幅、手卷、对联等中国传统裱褙装帧的形式。

泉州当地的穆斯林居所大门上就经常可以看到贴有阿拉伯文对联，同时门楣上也制作有醒目的阿拉伯文门牌标识，在厅堂的布置中，也有阿拉伯文书法挂毯，这些均是中外文化交汇融合的象征。

泉州穆斯林家庭厅堂布置

泉州穆斯林住户的阿拉伯文门牌标识

泉州穆斯林居所大门上的阿拉伯文对联

泉州清净寺开斋节庆祝活动

今天，福建各地清真寺内仍延续举行着主麻日及开斋节、古尔邦节等节日活动，泉州、邵武、福州、厦门等地清真寺吸引着众多国内外穆斯林前来探访。

主麻日是穆斯林于每周星期五（金曜日）一起到清真寺进行礼拜的日子，又称为“聚礼日”，其仪式包括礼拜、听念“呼图白”（教义演说词）和听讲“窝尔兹”（劝善讲演）等宗教仪式。主麻日也是伊斯兰教先知穆罕默德迁徙麦地那后所规定的休假日，并一直沿用至今。在主麻日这一天，福建本地的穆斯林民众和来自埃及、巴基斯坦、哈萨克斯坦等国家，以及我国西北地区宁夏、甘肃、新疆等地的穆斯林客商就会到清真寺聚礼。

开斋节是伊斯兰教三大重要宗教节日之一。伊斯兰教规定穆斯林在伊斯兰教历九月一日起开始斋戒，斋戒时间为一个月，这一时期又被称为“封斋”。按照教义，穆斯林在这个月里，每天自日升前到日落，禁绝一切饮食。斋月的第二十七日晚上为“盖德尔夜”，泉州穆斯林又将之称为“廿八暝”，其盛况犹如汉族除夕。是夜，各家设宴团聚，招待亲友，其乐融融。

在斋月最后一天，由阿訇登上望月台寻看新月，如见月则于次日即行开斋，如未见月，则继续斋戒，但一般不超过 3 天。到了开斋节这一天，要举行会礼和隆重的庆祝活动，穆斯林妇女要早早起来准备各种精美的食品。各家各户穆斯林在是日早晨沐浴后身着盛装，共赴清真寺参加聚礼。在清真寺里，穆斯林在阿訇的带领下，面向圣地麦加古寺克尔白天房方向叩拜，完成天命拜功。其间除举行上述仪式外，还依照民族习俗欢歌载舞，以示庆祝。

福州清真寺庆祝古尔邦节

开斋节当天，在“拜斋”后由阿訇带领前往灵山圣墓。穆斯林首先前往三贤、四贤墓前行香朝拜，席地而坐，听阿訇诵读《古兰经》，再各自到先辈或亲属的坟墓前点上安息香悼念亡人，并在旧坟墓碑文字上描红，然后恭请阿訇到坟前念经，为亡魂祈祷。此为泉州穆斯林的扫墓风俗，称为“游坟”。

古尔邦节为大会礼日，亦称“宰牲节”“献祭节”“忠孝节”，也有人称为小开斋节（小节），是穆斯林传统三大节日之一，时间在伊斯兰教历十二月十日，即朝觐的最后一天。是日，穆斯林要着盛装赴清真寺参加会礼，互相拜贺。礼毕，有条件者除炸油香外，还要宰牛羊庆祝，所宰牛羊的肉要分成若干份，分赠给阿訇及亲友，所有人共餐，称为“献牲”。这一天，穆斯林也还要去游坟，缅怀先人。

泉州清净寺庆祝古尔邦节

第五节 建筑：装饰印记在福建

建筑是民族和文明的个性体现，同时也在文化互动中相互影响。

邵武与福州的清真寺主体建筑类型、布局及空间处理，乃至建筑的装饰，已经突破了原先的阿拉伯建筑风格，在融合了福建本地传统的木构架建筑形式的基础上，也吸收了本地的殿堂构架、柱网布局、斗拱形制、屋顶造型及处理手法。

邵武清真寺中式风格望月楼

邵武清真寺中式屋顶

福州清真寺殿堂构架

福州清真寺大殿斗拱形制

福州清真寺大殿中式屋顶

我们也可以在福建看到阿拉伯风格建筑富于装饰效果的开孔形式，包括尖拱式门窗的处理方式被本土建筑所吸收。在泉州，清净寺的异域情调颇为泉州人欣赏，并被吸收到本地建筑中，尤其是清净寺大门尖拱顶形状，常见于附近闽南建筑的门窗装饰，融合自然。

泉州中山路尖拱形窗户

泉州骑楼尖拱形窗户

嵩口东坡村口

嵩口镇，位于福建省永泰西南部，境内山峦起伏，峰谷相间，地势险峻，且处于交通要冲，北达尤溪，南依仙游，东接闽清，西连德化，为兵家必争之地，素有永泰南大门之称，故明朝曾于此设立巡检司。从所处水系位置来看，嵩口又位于大樟溪在永泰境内的上游，也因此成为永泰西南地区商品交易的流通集散地。

在嵩口众多的古民居中，如东坡村的西霞厝、永庚厝及永朝厝等，发现多处具有阿拉伯异域情调及古代航船的彩绘图案，这些精美的壁画集中绘制在屋面的遮水墙上。

西霞厝是东坡村内面积较大、保存也较为完好的一座古大厝，由主厝和两侧护厝组成，东侧护厝为书斋，西侧护厝现已基本荒废，即使是这样，厝内的雕饰仍保存较好。

西霞厝

西霞厝大门

西霞厝屋檐装饰

在西霞厝正厅房檐左侧遮水墙上，绘制有一幅描述阿拉伯地区某港口的彩色壁画，从画面上可以清晰地看到阿拉伯风格建筑，前方则是中式传统多桅帆船。就船帆材质来看，为典型的中式篾帆。缭手位于船只尾部，可以清晰地看到其手里还牵着帆绳，船头则站着一个人，显然是瞭望远方的水手，从船只形制上来看，当是中国传统福船。从船只尾部对着港口建筑来看，这个画面所要表现的应该就是来自中国福建的商船在阿拉伯地区某个港口完成贸易后返航时的情形。

西霞厝阿拉伯风格建筑及中式帆船壁画

西霞厝阿拉伯风情壁画

在房檐相对应的右侧遮水墙上也有阿拉伯风格建筑壁画，画中最为明显的就是前方的宣礼塔，在它后面的建筑二层楼上，站着四个留着黄色长发的男子，且都身着绿色衣服，外披斗篷，其中一人手执一本书，似乎在跟对面的男子交谈着什么，从书写方式及装帧形式来看应是中国古籍，细究画中的阿拉伯风格建筑，明显植入了中国文化元素，在柱子上、门楣上均写有不可辨识的文字，再从护栏图样及门楣造型来看，为典型的中式图案及装饰。

永庚厝

永庚厝大门

在东坡村可与西霞厝齐名的当属永庚厝，当地人又称其为用金厝，为陈用金于清乾隆年间修建，由主厝、两侧护厝、东侧书斋三大部分构成。

永庚厝屋内庭院

永庚厝阿拉伯风格建筑与中式帆船壁画

穿过前面的庭院进入第二落的天井，朝两侧遮水墙张望，在与西霞厝同样的位置，同样可以看到充满阿拉伯风情的彩绘图案。在房檐左侧遮水墙上的壁画中，可以看到港口边上的一排阿拉伯风格建筑，围墙内还有宣礼塔一座。在彩绘最前方，有两艘三桅中式帆船，一艘前方立有一人，手持望远镜，船尾有舵手一人，在舵手前方还有两位身披斗篷的人。船首绘有狮头，船帆同样还是篾帆，仍是福建商船。在港口岸边立有一根旗杆，顶端斜挂着风信旗，当是为进出港口的船只指引风向用的。

在房檐右侧遮水墙上的壁画中，可以看到一栋两层的阿拉伯风格建筑，在楼上有身穿绿色裙服、外罩长袍的阿拉伯女子，楼下栏杆边上也倚靠着两位同样装束的阿拉伯女子，似在低语交谈。在楼边也有圆顶宣礼塔一座，整个画面充满了阿拉伯异域风情。

永庚厝阿拉伯风格建筑壁画

在永庚厝屋檐下，同样也有一幅绘有阿拉伯风格建筑的壁画。嵩口东坡村这个位处崇山之间的村落，何以有如此多的阿拉伯风格壁画的存在？或许在历史上陈氏家族曾经与阿拉伯地区的国家有过商贸往来，其家族资本的积聚应该与海外贸易有关。这一阿拉伯题材的引入，也为山间传统宅院带来了丝丝海风。

第六节 瓷器：海上瓷路一千年

瓷器的烧造，是中国古代一项重要的技术创造，并以其精美的造型、优良的品质广受人们的喜爱。瓷器作为大宗商品出口外销，大约是从唐代开始的，自宋元以降，更是被源源不断地运往世界各地。

素有“东南山国”之称的福建，因其得天独厚的自然地理条件，成为中国东南重要的陶瓷生产外销基地。古代福建生产销往阿拉伯、波斯的瓷器的窑口主要有磁灶窑、德化窑、漳州窑等。

1987 年 8 月，我国广州打捞局与英国的海上探险和救捞公司（Maritime Exploration & Recoveries PLC）在广东上下川岛海域寻找东印度公司沉船“莱茵堡号”时，意外发现了另外一艘古沉船即“南海一号”沉船，并打捞出金银器、锡器和陶瓷器等珍贵文物 200 多件。经鉴定，这些出水瓷器主要产于福建、江西、浙江等地。其中有一条长约 1.7 米的鎏金腰带最为引人注目，腰带由四股八条金线编织而成，带钩表面饰有璎珞纹，有学者根据腰带的长度、构造及纹饰等方面综合分析，认为它的主人很可能是一位富有的外国商人。

“南海一号”沉船出水的瓷器及鎏金腰带

“南海一号”沉船沉箱起吊现场

1989 年冬，中国历史博物馆与日本国水中考古学研究所合作，正式开始对“南海一号”沉船进行水下考古调查。此后经过长期的考古搜寻和定位，最终确定了对“南海一号”进行整体打捞的方案。2007 年 12 月 28 日下午 3 点，“南海一号”完成整体打捞，沉船、文物与其周围海水、泥沙按照原状一次性吊浮起运，随后即被迁移到为其量身定做的广东海上丝绸之路博物馆“水晶宫”。

广东海上丝绸之路博物馆

“南海一号”沉船载福建瓷器及船甲板遗存

“南海一号”沉船发掘现场的考古工作

经过 7 年的保护发掘，南宋古沉船“南海一号”表面的淤泥、海沙、贝壳等凝结物被逐层清理，船舱内超过 6 万件层层叠叠、密密麻麻的南宋瓷器得以展现在世人面前。

“南海一号”沉船考古发掘现场

“南海一号”沉船舱内散落的福建德化窑青白釉瓷器和磁灶窑绿釉瓷器

这些南宋外销瓷主要由福建德化窑系、福建磁灶窑系、福建闽清义窑系、江西景德镇窑系和浙江龙泉窑系等五大民窑瓷器构成，其中过半瓷器产自福建磁灶窑和德化窑。目前发掘出水的宋德化窑青白釉印花六棱执壶和白釉刻划花大碗，均透着浓郁的阿拉伯风格，这些瓷器也为福建作为海上丝绸之路重要瓷器生产基地再添力证。

宋磁灶窑瓷器，“南海一号”沉船出水

“南海一号”沉船内的宋磁灶窑瓷器

宋德化窑青白釉铺首执壶，“南海一号”沉船出水

宋德化窑瓷器套装形式，“南海一号”沉船出水

宋德化窑青白釉印花六棱执壶，“南海一号”沉船出水

宋德化窑青白釉葫芦瓶，“南海一号”沉船出水

宋德化窑白釉刻划花大碗，“南海一号”沉船出水

鎏金虬龙纹环，“南海一号”沉船出水

金戒指，“南海一号”沉船出水

伴随瓷器出水的还有具有浓郁异域风情的黄金饰品，如鎏金虬龙纹环、金项链、金戒指等，数量并不是太多，应该是随船人员自备的。从其制作风格及纹饰上推测，当时这艘宋代福船上可能搭载了一定数量的阿拉伯商人和旅客。

从“南海一号”船载瓷器窑口及瓷器风格来看，具有鲜明的外销瓷特征，是宋代中国东南沿海窑口产品生产的一个缩影，这些瓷器为研究宋代海外贸易及海上丝绸之路提供了弥足珍贵的实物支撑。当时这艘古船应该是从中国东南沿海驶出，很可能是开赴东南亚、印度或中东等地区进行贸易的。

金项链，“南海一号”沉船出水

磁灶窑

磁灶窑，位于福建省晋江磁灶镇及邻近地区，是对磁灶镇境内及周边分布的具有共同或相似的历史及考古学文化内涵的古代窑址遗存的统称。磁灶窑自 20 世纪引起相关学者的关注，在大量实地调查、考古发掘以及标本采集的基础上进行比对后，相继发现了 26 处古窑址，其中包括南朝窑址 1 处、唐五代窑址 6 处、宋元时期窑址 12 处、明清时期窑址 7 处，这些窑址大多分布在梅溪两岸的小山坡上。在磁灶窑数量众多的遗址中，以南朝时期的溪口山窑址、唐五代时期的溪墘山窑址和宋元时期的土尾庵、蜘蛛山、童子山、金交椅山窑址等最具代表性。

溪口山窑址位于磁灶镇下官路村双溪口山坡，遗址年代为南朝晚期，就考古所见仅见青釉器，器型种类有碗、钵、盏、盆等。

土尾庵窑址位于岭畔村的梅溪南岸小山坡，遗址分布面积约 3 万平方米，堆积层最厚处达 4.5 米，出土瓷器品种以生活日用器皿为大宗，包括碗、军持、瓶、钵、执壶、罐、碟、盆、瓮、花盆、瓷枕、炉、香熏等器物。土尾庵窑址出土陶瓷的器型丰富，这在福建省内同时期窑址中是少见的，由此可见土尾庵窑址是当时最为重要的外销瓷窑口之一。

泉州海外交通史博物馆考古人员调查晋江溪口山窑址

泉州海外交通史博物馆考古人员考察土尾庵窑址

金交椅山窑址位于晋江磁灶镇前埔沟边村西边的金交椅山，窑址分布面积约 4 万平方米。该窑场创烧于唐末五代，衰废于元末，为宋元时期泉州乃至福建重要的外销瓷窑之一，同时也是磁灶窑 12 处宋元窑址中保存较完好的一处。

晋江金交椅山

金交椅山窑址发掘现场

金交椅山古窑遗址全景图

金交椅山古窑遗址窑炉

金交椅山窑址为全国重点文物保护单位

自 2002 年 5 月起至今，考古人员已对该遗址进行了三次抢救性发掘，共发掘出龙窑窑址四座及贮泥池、沉淀池、灰坑、陶缸、磉墩等作坊遗迹。从残存的斜坡式龙窑窑址可辨认出窑口、窑门、窑床、窑壁、火膛等。金交椅山窑址与附近瓷土发掘处、水上航道、泉州港湾等共同构成古代外销瓷生产、运输的整个链条，这也全面而又系统地展现了古代瓷器的外销过程，具有重要的学术价值。

宋磁灶窑绿釉花口碟，“南海一号”沉船出水

宋磁灶窑酱釉扁壶，“南海一号”沉船出水

宋磁灶窑系小口瓶及酱釉四系罐，“南海一号”沉船出水

金交椅山窑址出土瓷器器型有执壶、碗、罐、四系罐、双系小罐、水注、茶盏、灯盏、盏托、器盖、小口瓶、轴顶碗（陶车零件），以及各式垫柱、支座等，在釉色上主要为青、酱黑二色，也有零星的绿釉器、青白瓷、青釉褐彩器等发现。从器型、纹饰及胎釉特点上看，窑址所出产品多为外销。

出土宋“明教会”黑釉碗的古井

1979 年，在晋江草庵前 20 米处重建龙泉书院挖地基时发现了一口古井，并发掘出一件“明教会”黑釉碗和数十块残片。该碗内施黑釉，外施半釉，碗内壁刻划阴文“明教会”三字，在出土的这几十块残片中，有 13 片阴划有“明”“教”“会”等字样。

经考古调查发现，该“明教会”碗系宋代磁灶大树威窑烧制，据考证

草庵外景

宋“明教会”黑釉碗，晋江博物馆收藏

为当地宋代摩尼教徒统一烧制的食具，是当时泉州摩尼教兴盛的一个重要标志，它的发现也为研究宋代泉州地区摩尼教的活动提供了珍贵的实物资料。摩尼教于3世纪诞生于波斯，后迅速传播到欧亚广大地区，约在6—7世纪传入中国，9世纪传入泉州。该碗因其重要的历史价值被定为国家一级文物，现收藏于晋江博物馆。

摩尼光佛造像

宋德化窑青白釉喇叭口瓶

德化窑

德化窑是福建沿海著名的外销瓷生产窑系，窑场主要分布于德化县境内。作为中国著名的瓷业中心之一，德化早在商周时期就已开始烧制原始青瓷，唐宋时期得到全面发展，至明代进入兴盛时期，时至今日仍是重要的瓷业基地。

德化窑烧造时间长，产品多样，瓷器釉色在不同时期有所变化。宋元时期以青白釉瓷器为主，所生产的器型有粉盒、执壶、军持、碗、瓶等。

宋德化窑白釉四系罐，“南海一号”沉船出水

宋德化窑白釉喇叭口瓶，“南海一号”沉船出水

宋德化窑青白釉执壶，“南海一号”沉船出水

宋德化窑青白釉印花双系罐，“南海一号”沉船出水

宋德化窑青白釉碗，“南海一号”沉船出水

宋德化窑白釉粉盒，“南海一号”沉船出水

明何朝宗观音立像，泉州海外交通史博物馆藏

明代，德化窑以烧造白釉瓷器为主，质量较之前代有明显提高，并以其釉色光润明亮、乳白如凝脂而被誉为“象牙白”“中国白”。这一时期出产的人物瓷塑工艺精美，所制各式雕像均极精致，尤以何朝宗的瓷雕最负盛名，“天下共宝之”。明中期以后，少数白釉瓷器上还出现了青花题记或款识。清代，德化窑主要烧造白釉瓷器、青花瓷器、五彩瓷器等。

德化屈斗宫窑址

德化窑系屈斗宫遗址位于德化县浔中镇，遗址依山而建，北高南低，出土的生产工具有印模、制坯转盘、敲匣钵的铁刀、匣钵垫、各类匣钵等。出土器物有碗、盘、碟、壶、罐、瓶、洗、盅、盒、高足杯等10余种，式样繁多，纹饰异常丰富，这在其他瓷窑中是比较少见的。经过考古专家的评定，该窑址为宋元时期德化古窑最具特色的古窑遗址之一。

德化屈斗宫窑址龙窑

德化窑梅岭遗址位于德化县三班镇泗滨村，海拔高度 400 余米，占地面积约 1.17 平方千米，包括内坂区、大垄口区、梅岭区三个主要片区及分布于山脚溪边平地的瓷土加

德化窑梅岭遗址鸟瞰图

工区。遗址年代为从宋元延续至近现代，可见大量宋元青白瓷、明清白瓷及青花瓷等德化窑代表性产品堆积。

德化窑遗址梅岭区窑炉内景

德化窑遗址梅岭区窑炉分室

德化窑梅岭遗址现场发掘的匣钵

宋元以来，随着海上贸易的持续繁荣，德化窑产品除满足当地需求外，还销往日本、东南亚诸国、印度、非洲及欧洲等地。在肯尼亚以南的坦噶尼喀境内，就出土了德化窑的青花瓷器。在“南海一号”“华光礁一号”“石屿二号”“泰兴号”等沉船中均发现了大量的德化窑产品。除产品外，德化陶瓷烧制技术及窑炉建造形式也通过海上丝绸之路传到海外，对国际瓷窑生产技术的发展进步产生了巨大影响。

元代意大利旅行家马可·波罗在游历泉州后，认为德化窑“制造碗及瓷器，几多且美”，并夸赞德化瓷器物美价廉：“大批制成品在城中出售，一个威尼斯银币可以买到八个瓷杯”。德化瓷器因种类多，质量高，深受国内外人士的推崇，并成为古代海上丝绸之路重要的输出商品及古代对外文化交流的重要载体。

“南海一号”沉船出水宋德化窑白釉四系罐考古发掘现场

明代漳州窑五彩印章纹大盘

明代漳州窑彩绘罗盘八卦纹盘

明代漳州窑青花荷塘花卉纹大盘

漳州窑

漳州窑，是对明清时期漳州地区窑业的总称，主要分布于平和、漳浦、南靖、云霄、诏安、华安等县，以平和县的南胜窑、五寨窑和华安县的东溪窑最具代表性。明清时期，随着漳州月港的兴起，漳州窑瓷器成为重要的输出产品，并以其独特的文化韵味和艺术魅力蜚声海内外。

漳州窑所生产的瓷器多数是青花瓷，也有少量的白釉瓷、青釉瓷以及单色釉瓷、五彩瓷，其中青花瓷器和五彩瓷又被称为“克拉克瓷”“交趾瓷”“华南三彩”。据张浦生《青花瓷器鉴定》一书的研究，明清时期“克拉克瓷”的海上运输路线主要有两条：一条是从福建、广东沿海港口西行运抵非洲，继而绕过好望角，沿非洲西海岸航行抵达西欧诸国；另一条航线是从福建漳州、厦门诸港出发，先至菲律宾的马尼拉，然后越过太平洋东行至墨西哥的阿卡普尔科港，上岸后经陆地运输，经墨西哥城达大西洋岸港口维拉克鲁斯港，再上船东行运往西欧诸国。

南胜窑址洞口陂沟窑遗址鸟瞰图

南胜窑址洞口陂沟窑遗址属漳州窑系代表性瓷窑遗址，位于平和县南胜镇五寨乡，窑场密布于九龙江支流花山溪及其小支流的两岸山坡地带。

南胜窑主要遗存有南胜花仔楼窑、田坑窑、五寨大垅窑、华仔楼窑、洞口陂沟窑、大垅窑、二垅窑和田中央八处窑址，创烧于宋元时期，并在明代中晚期至清初达到极盛，崛起为外销瓷代表，此后于清康熙年间逐渐衰落。

南胜窑烧造的瓷器是漳州月港在明代对外贸易的重要货物，种类以青花瓷、彩绘瓷及素三彩等最具代表性，器类以大盘和盒类为多，装饰图案丰富多样，另有少量的瓶、炉、罐、碗、盘、碟、盅、盏等器型。

南胜窑代表了16—17世纪漳州外销瓷业的最高水平，是明清时期中国东南沿海地区陶瓷对外贸易的重要实物遗存，其产品远销日本、东南亚、非洲、欧洲等国家和地区。

南胜窑址洞口陂沟遗址窑炉遗存

上虾形遗址窑炉遗存

上虾形窑址窑炉及匣钵瓷片堆积现场

东溪窑是稍晚于南胜窑的另一个漳州外销窑场代表，创烧于明中晚期，在清中晚期达到鼎盛，并延续至晚清民国初期，主要分布于华安、南靖一带，窑炉有阶级窑和普通龙窑两种形制，其代表性窑址有上虾形遗址、封门坑遗址。

上虾形窑址位于华安县上虾形溪山麓，已揭露出一座横室阶级窑，时代为明代晚期。出土文物有窑具和制瓷工具，如匣钵、垫饼、瓷拍、试片等，以及大量的生活产品类瓷器碎片，产品以青花瓷为主，并有少量白瓷、青瓷和酱釉瓷。

东溪窑上虾形遗址俯瞰图

东溪窑封门坑遗址俯瞰图

封门坑遗址位于南靖县境内，与上虾形只有一涧之隔，主要堆积年代为明晚期至晚清民国时期，出土产品种类丰富，器形多样，其中以青花、白瓷、青瓷等为主，并有少量酱釉瓷。

总体而言，东溪窑烧制的产品以青花瓷为主，还有青瓷、白瓷、米黄釉瓷、酱黑釉瓷、蓝釉瓷以及五彩瓷等；器形以日用生活器为主，纹饰有洞石花卉、缠枝菊花、山水、寒江独钓等，在产品面貌上呈现出新的特点。东溪窑产品远销日本、东南亚、非洲、欧洲等国家和地区，在同时期沉船中也多有发现。

东溪窑封门坑遗址窑炉遗存

东溪窑封门坑遗址匣钵

明代中后期，漳州窑瓷器制作工艺日趋成熟，可根据用户需要进行大规模来单定制，西方国家订单大量增加，产品以青花和五彩开光大盘最具特色和代表性。

例如右侧这件青花阿拉伯文大盘，为明代晚期漳州窑制品，盘型硕大，盘内三层纹饰带，皆为青花书写的阿拉伯文，沉稳淡雅，用笔流畅，为中外文化交流的典型例证。

故宫博物院收藏的这件漳州窑五彩团花阿拉伯文盘，图案采用红绿彩绘画书写五彩团花阿拉伯文纹饰，主要是赞颂主宰安拉的文字。这件书写阿拉伯文字的五彩瓷器是为伊斯兰教徒特别定制的外销瓷。

磁灶窑、德化窑、漳州窑等福建窑口还生产一款造型奇特、色彩明艳的水壶，被称为“军持”。所谓军持，又称净瓶，最早属于佛教用器，传自印度，是云游僧人盛水洗手的用具。军持一词为舶来语，又常被翻译为“捃稚迦”“君墀”“君迟”“军迟”等。

明末漳州窑青花阿拉伯文大盘

明末漳州窑五彩团花阿拉伯文盘

宋磁灶窑绿釉双龙戏珠纹军持

宋磁灶窑绿釉军持

宋磁灶窑绿釉军持

宋磁灶窑贴双龙纹军持

泉州磁灶窑绿釉军持

随着佛教的传播，军持由印度来到东南亚诸国，并被信众所接受。自 8 世纪以后，随着阿拉伯商人东来，伊斯兰教开始传入东南亚并不断发展。就军持而言，其功用主要是装饮用与净手的水，这与伊斯兰教教义也并行不悖，遂为穆斯林所接受，成为穆斯林贮水、随身携带以备旅途中做礼拜时净手用的器物，史载“南洋土人自从信仰回教之后，对于传统习惯应用之军持，需要尤多”。

此后，福建所产军持也就经由东南亚中转传入阿拉伯地区。在伊斯兰宗教生活中，用水的场合很多，每日五功之前的“小净”及三餐饭后都需要用水，因此军持也成为伊斯兰教徒常用的器物。南宋居住在泉州的阿拉伯籍诗人蒲寿宬曾写下“明月照我牖，独手携军持”的诗句，反映了军持在日常生活中的普及。

历年来东亚、东南亚、南亚、西亚、东非、北非等国家中均有磁灶窑、德化窑、漳州窑等窑口产品出土，从器形、纹饰上看也反映出福建瓷器适应海外市场需求的风格，而军持这种跨越佛教、伊斯兰教两大宗教，畅销海外的净水瓶，也成为福建海上丝绸之路贸易的典型物证。1976 年在德化屈斗宫德化窑遗址的发掘中就出土了 209 件军持，引起了考古界的瞩目。

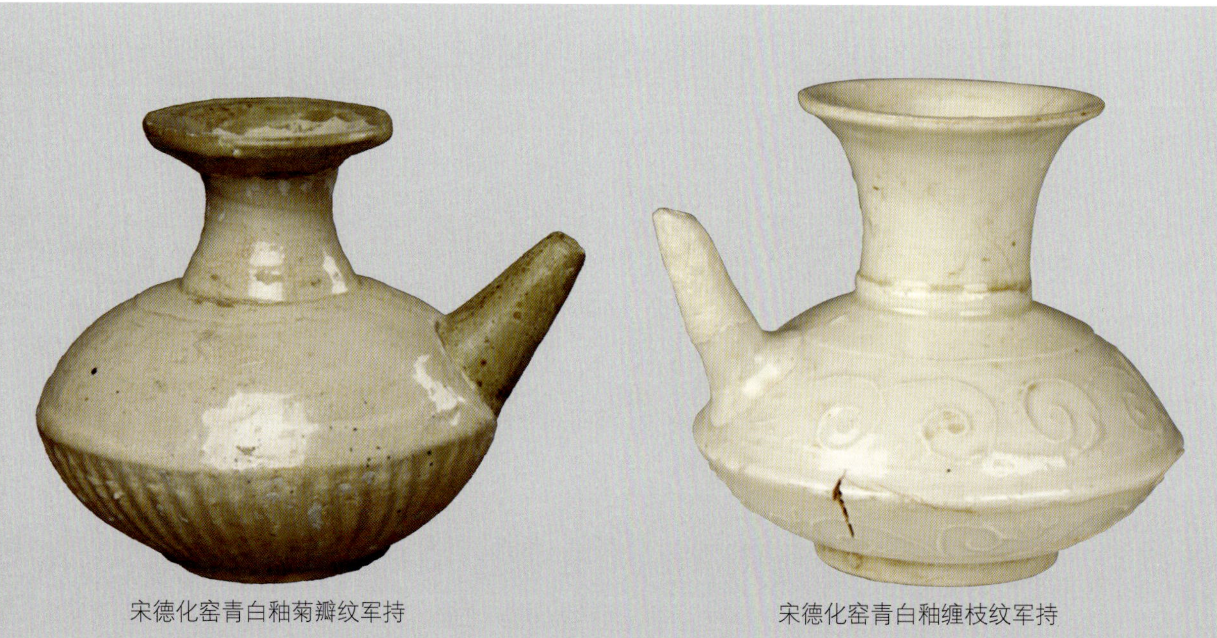

宋德化窑青白釉菊瓣纹军持

宋德化窑青白釉缠枝纹军持

摩洛哥的伊本·白图泰（1304—1377）是世界著名的旅行家，20 岁时前往麦加朝圣并从此游历东西方 44 个国家和地区，著有《伊本·白图泰游记》，其中述及他到过的中国泉州、杭州等地，并记载了当时中国丝绸、陶瓷等外销的情况。

1346 年，伊本·白图泰航行到中国，从刺桐港上岸，他在游记中称：“刺桐港是世界上最大的港口之一，甚至可以说就是世界上最大的港口。我看到港内有上百条大船，至于小船可谓多得不可胜数。”同时提到泉州烧制的瓷器被运往摩洛哥的情形：“中国瓷器只在刺桐和隋尼克城（即广州）制造……瓷器价格在中国，如陶器在我国一样或更为价廉。这种瓷器运销到印度等地区，直至我国马格里布。这是瓷器种类中最美好的。”

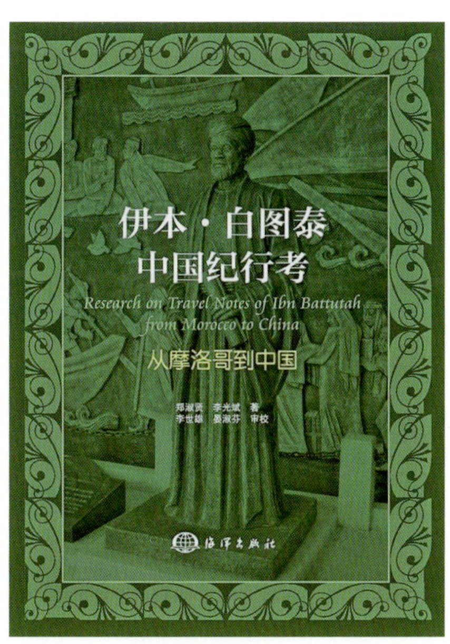

《伊本·白图泰中国纪行考：从摩洛哥到中国》中译本书影

伊本·白图泰雕像

为纪念中华人民共和国与摩洛哥王国建交50周年，两国联合于2008年11月1日发行了一套三枚纪念邮票及纪念封，三枚纪念邮票图案分别为摩洛哥古城门和中国长城、两国典型瓷器、两国传统窗棂，所有邮票均印有中、摩两国国旗图案以及“50”字样，同时还启用了德化窑军持纪念邮戳。

中华人民共和国—摩洛哥王国建交50周年丝绸镶瓷邮票小全张，是世界上第一套将丝绸和瓷器两种元素结合起来的外交邮票，它选取德化白瓷军持镶嵌在丝绸上，背景图选用伊本·白图泰到达中国的航线图，浮雕轮船在蔚蓝的大海中乘风破浪。

中华人民共和国—摩洛哥王国建交50周年纪念邮册封面

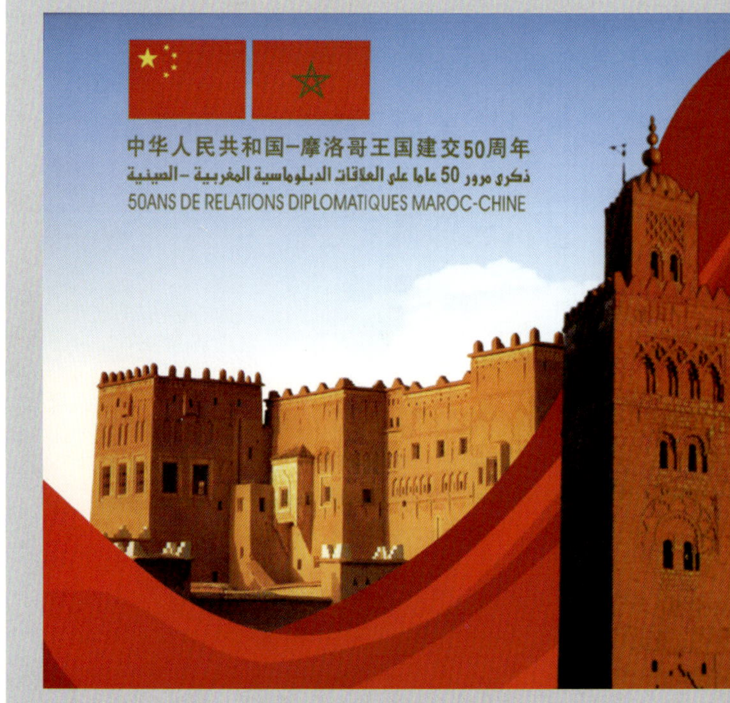

中华人民共和国—摩洛哥王国建交50周年纪念邮册内页

摩洛哥古城门和中国长城纪念邮票

中国与摩洛哥建交 50 周年首日封正面

中国与摩洛哥两国典型瓷器纪念邮票

中华人民共和国与摩洛哥王国建交五十周年纪念封

中华人民共和国位于亚洲东部，太平洋西岸，首都北京，通用汉语。摩洛哥王国位于非洲西北端，首都拉巴特，阿拉伯语为国语。

中华人民共和国与摩洛哥王国于1958年11月1日建立外交关系。值此两国建交50周年之际，特发行纪念封一枚。

الظرف البريدي التذكاري بمناسبة اليوبيل الذهبي للعلاقات الدبلوماسية بين
جمهورية الصين الشعبية والمملكة المغربية

纪念封、戳设计：马小玲

№ 024985

印量:50000 :العدد المطبوع　PFTN · WJ(C)-24

中国与摩洛哥建交 50 周年首日封背面

中国与摩洛哥两国传统窗棂纪念邮票

中华人民共和国—摩洛哥王国建交 50 周年丝绸镶瓷邮票小全张

《郑和航海图》上的“麻林地”与“慢八撒”

肯尼亚马林迪古港瓦斯科达伽马支柱，郑和下西洋的船队曾到访过这里

阿曼贸易港口遗址加尔哈特，是阿拉伯海向东至印度、东南亚和中国的重要港口，近年阿曼在与法国所进行的联合调查发掘中，发现了大量中国陶瓷器，其中包括元代德化窑产品。

在肯尼亚，蒙巴萨是发现中国古瓷最多的地方之一。1405 年，中国明代航海家郑和率领庞大船队，开始了七下西洋的伟大创举。船队最远到达非洲东岸赤道以南的麻林地（今肯尼亚的马林迪）和慢八撒（今肯尼亚的蒙巴萨港）。

肯尼亚马林迪港

元德化窑碟残片，阿曼加尔哈特出土

马林迪的清真寺遗址

墓柱的顶端或高处装饰有中国瓷器

在马林迪城北 15 千米处的曼博鲁村，是一个靠海的古老渔村，这里一处杂草丛生的墓地上竖着两座一人高的圆柱形墓碑，上面曾镶嵌有 10 个中国瓷盘，目前只残存 4 个。

近年来，北京大学肯尼亚考古队还参与了曼布鲁伊的考古发掘，也发现了许多中国瓷片。

在肯尼亚蒙巴萨岛的东南角，巍然矗立着一座宏伟的城堡——耶稣堡，长 100 多米，宽约 80 米。城堡的北面和西面有一道宽 3 米到 12 米、深 13 米的护城河，将城堡同陆地隔开，南面和东面面向大海，有天然的珊瑚岩削凿的石墙作屏障，是座易守难攻的军事要塞，扼守着蒙巴萨港。自新航路开辟以来，蒙巴萨就成为新航路上的重要补给点和货物集散地，耶稣堡也就成为各国争夺的焦点。

蒙巴萨耶稣堡

蒙巴萨耶稣堡中收藏的中国古瓷

蒙巴萨耶稣堡内收藏的龙瓮

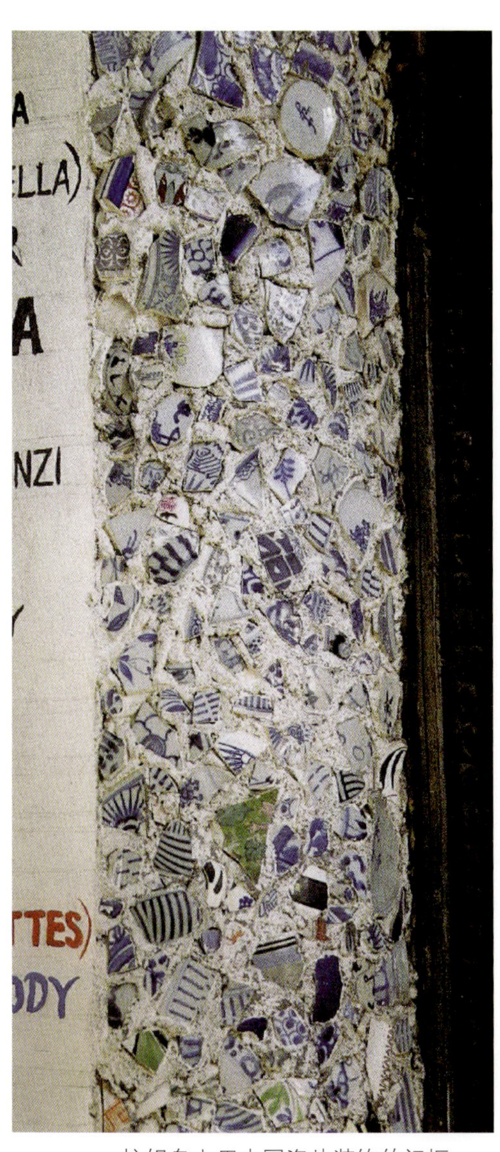

拉姆岛上用中国瓷片装饰的门框

在耶稣堡内，展示着数十年来在耶稣堡附近发现的各种文物，其中最引人注目的展品便是 100 多件来自中国的瓷器，这里面既有来自福建磁灶窑所产的龙瓮，也有青花瓷片及龙泉窑瓷器。

据了解，其中一些是在城堡中发掘出土的，另一些则是在蒙巴萨附近的马林迪发现的。这些产于明清时期的瓷器表明，至少在 600 多年前，中国就已经同非洲有了间接的往来。

拉姆是位于肯尼亚东北部印度洋上的热带岛屿，作为肯尼亚最古老的居住城镇，早在 9 世纪就已经有阿拉伯人开始在此定居，所以现在岛上有着浓郁的伊斯兰风情，当地人认为 600 多年前郑和来到肯尼亚，第一个登陆的地方就是拉姆岛。在当地居民家中，仍不时可以看到中国瓷器的身影。现在拉姆博物馆里，陈列着几个世纪以来的中国瓷器。

瓷器作为与丝绸、茶叶并称的海外大宗贸易品，在海上丝绸之路上占有显著的地位，因其自身属性更易于保存下来，因此也成为海上贸易航线的重要见证，在世界各地港口的考古发掘中仍能不时发现，故而有学者又将海上丝绸之路称为“陶瓷之路”。在瓷器外销过程中，不仅改变了进口地区的生活方式，也改变了出口产地的制作烧造工艺，例如来单订制就极大地丰富了瓷器的器型及纹饰，同时也促进了东西方的文化交流。正如日本著名陶瓷研究专家三上次男所说的：“东西方两个世界之间，连结着一根坚强有力的陶瓷纽带，它同时又是东西文化交流的桥梁。”

三上次男等编著的《中国陶瓷》书影

三上次男《陶瓷之路》书影

结 束 语

地处中国东南沿海的福建，境内西北方向高大险峻的武夷山与戴云山脉使古代闽人与中原地区的往来并不十分通畅，丘陵山地广布的地形与密布的江河水系网络使这里形成独特的地理空间，这也使福建获得了海洋文明浸润的机会。濒海而居的福建人通过放洋贸易，在广阔的海洋中延伸自己的足迹，海洋基调由此成为福建历史肌理中一抹蔚蓝的底色，虽经千年的涤荡，却从未褪色。

福建作为中国对外交流的重要窗口和通道，不同族群在这里相遇，不同文明在这里交汇。福州、泉州、厦门、邵武等地所保留下来的阿拉伯及波斯历史遗存，包括不同历史时期的清真寺、碑铭、石刻造像等，见证了福建与波斯、阿拉伯世界的人员往来与文化交融，也见证了福建作为海上丝绸之路重要区域的史实。

海洋沟通世界，连接彼此，作为海洋社会重要载体的船舶及航海术，也在福建与波斯、阿拉伯海商及水手间得到交流。就历史上福建与波斯、阿拉伯世界的交往来看，商人、传教士、使者、旅行家是两地文化的推动者，伴随而来的药材、花卉、珍宝、瓷器间的互通有无，则丰富了东西方之间的物产往来，并影响着在地人们的饮食习惯及工艺制作，而由此带来的异域文化传播更开阔了人们的视野，建筑风格以及服饰样式的借鉴也满足了不同人群的审美需求，这些也在中外文化各自底色上描绘上了绚丽夺目的一笔。

时至今日，福建与阿拉伯国家间的文化交流传统仍在继续，相信在“一带一路”倡议的推动下，福建与阿拉伯国家的交往还会更加密切，并将继续谱写和平往来的新篇章。

参考文献

1.〔汉〕司马迁撰,〔宋〕裴骃集解,〔唐〕司马贞索隐,〔唐〕张守节正义:《史记》,中华书局,2014年。

2.〔汉〕班固撰,颜师古注:《汉书》,中华书局,1964年。

3.〔汉〕张仲景著:《金匮要略》,学苑出版社,2014年。

4.〔汉〕袁康、吴平著:《越绝书》,浙江古籍出版社,2013年。

5.〔晋〕张华撰:《博物志》,中华书局,1985年。

6.〔南朝宋〕范晔撰,〔唐〕李贤等注:《后汉书》,中华书局,1965年。

7.〔南朝宋〕雷敩撰著,〔清〕张骥补辑,施仲安校注:《雷公炮炙论》,江苏科学技术出版社,1985年。

8.〔唐〕魏徵等撰:《隋书》,中华书局,1973年。

9.〔唐〕段成式撰:《酉阳杂俎》,中华书局,1981年。

10.〔唐〕陈藏器著,尚志钧辑校:《本草拾遗》,皖南医学院科研处,1983年。

11.〔唐〕段公路纂,崔龟图注:《北户录(附校勘记)》,中华书局,1985年。

12.〔唐〕孟诜撰,〔唐〕张鼎增补,吴受琚、俞晋校注:《食疗本草》,中国商业出版社,

1992 年。

13.〔唐〕玄奘、辩机原著，季羡林等校注:《大唐西域记校注》，中华书局，2000 年。

14.〔唐〕刘恂等著，鲁迅、杨伟群点校:《历代岭南笔记八种》，广东人民出版社，2011 年。

15.〔五代〕李珣原著，尚志钧辑校:《海药本草》(辑校本)，人民卫生出版社，1997 年。

16.〔宋〕欧阳修撰，〔宋〕徐无党注:《新五代史》，中华书局，2016 年。

17.〔宋〕祝穆撰，施和金点校:《方舆胜览》，中华书局，2003 年。

18.〔宋〕王象之撰，李勇先校点:《舆地纪胜》，四川大学出版社，2005 年。

19.〔宋〕吴自牧著:《梦粱录》，商务印书馆，1939 年。

20.〔宋〕蔡绦撰，冯惠民、沈锡麟点校:《铁围山丛谈》，中华书局，1983 年。

21.〔宋〕吕颐浩撰:《忠穆集》，《四库全书》第 1131 册“集部 70 别集类”，上海古籍出版社，1987 年。

22.〔宋〕苏颂撰，胡乃长、王致谱辑注:《图经本草》(辑复本)，福建科学技术出版社，1988 年。

23.〔宋〕周密撰，吴企明点校:《癸辛杂识》，中华书局，1988 年。

24.〔宋〕唐慎微撰，〔宋〕曹孝忠校，寇宗奭衍义:《证类本草》，上海古籍出版社，1991 年。

25.〔宋〕陶穀撰:《清异录》，中华书局，1991 年。

26.〔宋〕周去非著，杨武泉校注:《岭外代答校注》，中华书局，1999 年。

27.〔宋〕蒲寿宬撰:《心泉学诗稿》(四库全书珍本初集)，沈阳出版社，1998 年。

28.〔宋〕赵汝适著，杨博文校释:《诸蕃志》，中华书局，2000 年。

29.〔宋〕沈括撰:《梦溪笔谈》，上海书店出版社，2003 年。

30.〔宋〕朱彧撰，李伟国点校:《萍洲可谈》，中华书局，2007 年。

31.〔宋〕罗大经撰:《鹤林玉露》，中华书局，2008 年。

32.〔宋〕王溥撰:《唐会要》，中华书局，2017 年。

33.〔元〕脱脱等撰:《宋史》，中华书局，1985 年。

34.〔元〕周达观著，夏鼐校注:《真腊风土记校注》，中华书局，1981 年。

35.〔元〕汪大渊著，苏继庼校释:《岛夷志略》，中华书局，1981 年。

36.〔明〕王鸣鹤辑:《登坛必究》,哈佛大学哈佛燕京图书馆藏,明万历刊本。
37.〔明〕费信著,冯承钧校注:《星槎胜览》,中华书局,1954年。
38.〔明〕缪希雍著:《本草经疏》,江苏广陵古籍刻印社,1984年。
39.〔明〕戚继光著,盛冬铃点校:《纪效新书》,中华书局,1996年。
40.〔明〕马欢原著,万明校注:《明钞本〈瀛涯胜览〉校注》,海洋出版社,2005年。
41.〔明〕俞大猷撰,廖渊泉、张吉昌点校:《正气堂全集》,福建人民出版社,2007年。
42.〔明〕张燮著,谢方点校:《东西洋考》,中华书局,2008年。
43.〔明〕黄省曾著,谢方校注:《西洋朝贡典录》,中华书局,2008年。
44.〔明〕滕弘撰,〔清〕顾观光辑:《神农本草经》,湖南科学技术出版社,2008年。
45.〔明〕严从简著,余思黎点校:《殊域周咨录》,中华书局,2009年。
46.〔明〕佚名著,向达校注:《两种海道针经》,中华书局,2012年。
47.〔明〕巩珍著,向达校注:《西洋番国志》,中华书局,2012年。
48.〔明〕李光缙著,曾祥波校:《景璧集》,福建人民出版社,2012年。
49.〔明〕李时珍著:《本草纲目》,崇文书局,2015年。
50.〔明〕何乔远撰,福建省文史研究馆整理:《镜山全集》,福建人民出版社,2015年。
51.〔明〕黄仲昭修纂,福建省地方志编纂委员会旧志整理组、福建省图书馆特藏部整理:《八闽通志》,福建人民出版社,1990年。
52.〔明〕何乔远编撰,厦门大学古籍整理研究所、历史系古籍整理研究室《闽书》校点组校点:《闽书》,福建人民出版社,1995年。
53.〔明〕阳思谦修,黄凤翔等纂:(万历)《泉州府志》,台湾学生书局,1987年。
54.〔明〕陈让编,杨启德、傅唤民、叶笑凡校注:(嘉靖)《邵武府志》,方志出版社,2004年。
55. 中研院历史语言研究所校印,黄彰健校注:《明实录》,中华书局,2016年。
56.〔清〕徐松辑:《宋会要辑稿》,中华书局,2014年。
57.〔清〕怀荫布修,黄任、郭赓武纂:(乾隆)《泉州府志》,上海书店出版社,2000年。
58.〔清〕阿桂修,〔清〕刘谨之纂:《钦定盛京通志》,乾隆四十三年殿本排印,1917年。

59.〔清〕方鼎修，朱升元等纂：（乾隆）《晋江县志》，台湾成文出版社，1967 年。
60.〔清〕周凯修，凌翰等纂：（道光）《厦门志》，台湾成文出版社，1967 年。
61.〔清〕刘智著，白寿彝校点：《天方典礼》，交通书局，1948 年。
62.〔清〕徐松撰：《汉书西域传补注》，中华书局，1985 年。
63.〔清〕屈大均撰：《广东新语》，中华书局，1985 年。
64.〔清〕张璐著：《本经逢原》，中国中医药出版社，2007 年。
65. 泉州海外交通史博物馆、泉州市泉州历史研究会编：《泉州伊斯兰教研究论文选》，福建人民出版社，1983 年。
66. 吴文良、吴幼雄：《泉州宗教石刻》（增订本），科学出版社，2005 年。
67. 陈达生：《泉州伊斯兰石刻》，宁夏人民出版社、福建人民出版社，1984 年。
68. 陈国强主编：《陈埭回族史研究》，中国社会科学出版社，1991 年。
69. 陈国强、陈清发主编：《百崎回族研究》，厦门大学出版社，1993 年。
70. 中国与海上丝绸之路研究中心等编：《海上丝绸之路研究 1：海上丝绸之路与伊斯兰文化》，福建教育出版社，1997 年。
71. 中国与海上丝绸之路研究中心等编：《海上丝绸之路研究 2：中国与东南亚》，福建教育出版社，1999 年。
72. 中国与海上丝绸之路研究中心等编：《海上丝绸之路研究 4：陈达生伊斯兰教与阿拉伯碑铭研究论文集》，福建教育出版社，2007 年。
73. 泉州海外交通史博物馆编：《“海上交通与伊斯兰文化”学术研讨会论文集》，泉州海外交通史博物馆（内部印刷），2008 年。
74. 陈鹏鹏主编：《泉州文物手册》，泉州市文物管理委员会编印，2000 年。
75. 马坚译：《古兰经》，中国社会科学出版社，2011 年。
76. 谭其骧主编：《中国历史地图集》，中国地图出版社，1982 年。
77. 朱鉴秋、李万权主编：《新编郑和航海图集》，人民交通出版社，1988 年。
78. 郭沫若主编：《中国史稿地图集》，中国地图出版社，1996 年。
79. 福建省地方志编纂委员会编：《福建省历史地图集》，福建省地图出版社，2004 年。

80. “海丝”研究中心编著:《跨越海洋——中国“海上丝绸之路”八城市文化遗产精品联展》，宁波出版社，2012 年。

81. 福建博物院编:《丝路帆远：海上丝绸之路文物精萃》，福建教育出版社，2013 年。

82. 国家文物局编:《海上丝绸之路》，文物出版社，2014 年。

83. 刘迎胜:《话说丝绸之路》，安徽人民出版社，2017 年。

84. 陈炎:《海上丝绸之路与中外文化交流》，北京大学出版社，1996 年。

85. 方豪:《中西交通史》，上海人民出版社，2008 年。

86. 廖大珂:《福建海外交通史》，福建人民出版社，2002 年。

87. 李庆新:《海上丝绸之路》，五洲传播出版社，2006 年。

88. 陈佳荣:《中外交通史》，香港学津书店，1987 年。

89. 黄纯艳:《宋代海外贸易》，社会科学文献出版社，2003 年。

90. 李光斌:《伊本·白图泰中国纪行考》，海洋出版社，2009 年。

91. 陈高华、陈尚胜:《中国海外交通史》，中国社会科学出版社，2017 年。

92. 泉州海外交通史博物馆:《泉州湾宋代海船发掘与研究》，海洋出版社，1987 年。

93. 崔勇、张永强、肖达顺:《海上敦煌——南海 I 号及其他海上文物》，广东经济出版社，2015 年。

94. 中国海外交通史研究会、泉州海外交通史博物馆编:《泉州海外交通史料汇编》，泉州海外交通史博物馆印制（内部），1983 年。

95. 庄为玑、庄景辉、王连茂编著:《海上丝绸之路的著名港口：泉州》，海洋出版社，1989 年。

96. 中国航海学会、泉州市人民政府编:《泉州港与海上丝绸之路》，中国社会科学出版社，2002 年。

97. 中国航海学会、泉州市人民政府编:《泉州港与海上丝绸之路 2》，中国社会科学出版社，2003 年。

98. 泉州港务局、泉州港口协会编:《泉州港与海上丝绸之路 3：纪念郑和下西洋六百周年论文集》，中国社会科学出版社，2005 年。

99. 蔡耀平、张明、吴远鹏主编:《学术泉州》，中央文献出版社，2003 年。
100. 李冀平、朱学群、王连茂主编:《泉州文化与海上丝绸之路》，社会科学文献出版社，2007 年。
101. 李东华:《泉州与我国中古的海上交通》，台湾学生书局，1986 年。
102. 王洪涛著，王四达编:《晚蚕集》，华星出版社，1993 年。
103. 李玉昆:《泉州海外交通史略》，厦门大学出版社，1995 年。
104. 李玉昆、李秀梅:《泉州古代海外交通史》，中国广播电视出版社，2006 年。
105. 庄为玑:《海上集》，厦门大学出版社，1996 年。
106. 庄景辉:《海外交通史迹研究》，厦门大学出版社，1996 年。
107. 庄景辉:《陈埭丁氏宗祠》，厦门大学出版社，2003 年。
108. 庄景辉:《泉州港考古与海外交通史研究》，岳麓书社，2006 年。
109. 陈泗东:《幸园笔耕录》，鹭江出版社，2003 年。
110. 黄天柱:《泉州稽古集》，中国文联出版社，2003 年。
111. 苏基朗著，李润强译:《刺桐梦华录》，浙江大学出版社，2012 年。
112. 陈自强:《漳州古代海外交通与海洋文化》，福建人民出版社，2014 年。
113. 陈盛明:《明诚集》，厦门大学出版社，2015 年。
114. 漳州市政协文教卫体委员会编:《漳州“海上丝绸之路”论文选》，福建人民出版社，2016 年。
115. 泉州市泉州历史研究会编:《泉州回族谱牒资料选编》，泉州市历史研究会编印，1979 年。
116. 泉州海外交通史博物馆编:《泉州海外交通史迹调查资料第五辑：蒲寿庚家族专辑》，泉州海外交通史博物馆编印。
117. 庄景辉:《陈埭丁氏回族宗谱》，绿叶教育出版社，1996 年。
118. 顽石总编:《百奇郭氏回族宗谱》，百奇郭氏回族宗谱重修委员会编印，2000 年。
119. 叶文程、林忠干:《福建陶瓷》，福建人民出版社，1993 年。
120. 曾凡:《福建陶瓷考古概论》，福建省地图出版社，2001 年。

121. 何振良、林德民、裴光辉:《磁灶窑瓷》，福建美术出版社，2002 年。
122. 何振良、林德民编著:《磁灶陶瓷》，厦门大学出版社，2005 年。
123. 福建博物院、晋江博物馆编著:《磁灶窑址》，科学出版社，2011 年。
124. 福建省博物馆编:《德化窑》，文物出版社，1990 年。
125. 陈建中、陈丽华:《福建德化窑》，岭南美术出版社，2003 年。
126. 陈建中编:《德化窑》，福建美术出版社，2005 年。
127. 陈建中、陈丽华、陈丽芳:《中国德化瓷史》，上海交通大学出版社，2011 年。
128. 福建省博物馆编:《漳州窑：福建漳州地区明清窑址调查发掘报告之一》，福建人民出版社，1997 年。
129. 叶文程主编，吴其生著:《中国古陶瓷标本：福建漳窑》，岭南美术出版社，2002 年。
130. 吴其生:《明清时期漳州窑》，福建人民出版社，2015 年。
131. 政协南靖县委员会编著:《明清时期南靖东溪窑与对外贸易》，福建人民出版社，2016 年。
132. 冯小琦主编:《古代外销瓷器研究》，紫禁城出版社，2013 年。
133. 许云樵辑注:《徐衷南方草物状辑注》，东南亚研究所，1970 年。
134. 林天蔚:《宋代香药贸易史稿》，香港中国学社，1960 年。
135. 宋岘考释:《回回药方考释》，中华书局，2000 年。
136. 许晖:《香料在丝绸的路上浮香》，青岛出版社，2016 年。
137. 许晖:《植物在丝绸的路上穿行》，青岛出版社，2016 年。
138. 陈埭镇回族事务委员会编印:《晋江市博物馆陈埭回族史馆》，2002 年。
139. 郑和下西洋六百周年纪念活动筹备领导小组编:《云帆万里照重洋——纪念郑和下西洋六百周年》，中国社会科学出版社，2005 年。
140. 何逞锋主编:《永隆通宝钱范》，中华书局，2005 年。
141. 杨恩璞主编:《海上丝绸之路：起点与终点的拥抱》，泉州华光学院编制（内部），2015 年。
142. ［英］来拉・海德兰撰，［英］傅兰雅译，〔清〕赵元益笔述:《西药大成》，清江南制造局刊本。

143.［日］桑原骘藏著，陈裕菁译:《蒲寿庚考》，中华书局，1954 年。

144.［日］三上次男著，胡德芬译:《陶瓷之路——东西文明接触点的探索》，天津人民出版社，1983 年。

145.［法］费琅编，耿昇、穆根来译:《阿拉伯波斯突厥人东方文献辑注》，中华书局，1989 年。

146.［阿拉伯］伊本・胡尔达兹比赫著，宋岘译注:《道里邦国志》，中华书局，1991 年。

147.［意］马可・波罗著，冯承钧译:《马可・波罗行纪》，上海书店出版社，1999 年。

148.［意］雅各・德安科纳著，［英］大卫・塞尔本编译，杨民等译:《光明之城》，上海人民出版社，1999 年。

149.［英］唐纳利著，吴龙清译:《中国白——福建德化瓷》，福建美术出版社，2006 年。

150.［摩洛哥］伊本・白图泰口述，李光斌译:《异境奇观——伊本・白图泰游记》（全译本），海洋出版社，2008 年。

151.［古代阿拉伯］马苏第著，耿昇译:《黄金草原》，中国藏学出版社，2013 年。

152.［日］大庭修、［美］V.A. 索高罗夫、［美］I.A. 唐涅利著，［日］佚名绘，陈经华、朱家骏译，陈延杭、王锋校:《〈唐船图〉考证・中国船・中国木帆船》，海洋出版社，2013 年。

153.［日］林谦三著，钱稻孙译:《东亚乐器考》，上海书店出版社，2013 年。

154.［美］劳费尔著，林筠因译:《中国伊朗编》，商务印书馆，2015 年。

155.［日］藤田丰八著，何健民译:《中国南海古代交通丛考》，山西人民出版社，2015 年。

156.［日］藤田丰八著，魏重庆译:《宋代之市舶司与市舶条例》，山西人民出版社，2015 年。

157.［日］桑原骘藏著，杨鍊译:《唐宋贸易港研究》，山西人民出版社，2015 年。

158.［美］薛爱华著，吴玉贵译:《撒马尔罕的金桃：唐代舶来品研究》，社会科学文献出版社，2016 年。

159.［意］弗兰切斯卡・罗曼娜・罗马尼著，孙海鹏译:《伊斯兰：阿拉伯文明之光》，河北教育出版社，2013 年。
160. 黄忠杰:《关于泉州伊斯兰教石刻艺术若干问题的研究》，福建师范大学硕士学位论文，2007 年。
161. 赵新图:《郑和下西洋对明代工艺美术的影响》，清华大学硕士学位论文，2004 年。
162. 苏沛权:《青花瓷与中外文化交流》，暨南大学博士学位论文，2005 年。
163. 郑晓君:《宋元时期环九龙江口的陶瓷业与早期航运》，厦门大学硕士学位论文，2007 年。
164. 王新天:《中国东南海洋性瓷业发展史》，厦门大学博士学位论文，2007 年。
165. 赖珊珊:《从定海湾沉船看闽江下游的海洋文化》，厦门大学硕士学位论文，2009 年。
166. 吴静:《波斯细密画中的陶瓷器具研究》，景德镇陶瓷学院硕士学位论文，2012 年。
167. 许婷婷:《11—19 世纪中国陶瓷文化在东南亚的传播及其影响》，景德镇陶瓷学院硕士学位论文，2013 年。
168. 李晓霞:《军持之研究》，山东大学硕士学位论文，2013 年。
169. 来元茜:《克拉克瓷盘主体纹饰的模件体系研究》，景德镇陶瓷学院硕士学位论文，2014 年。
170. 李璇:《异域文化对元明青花瓷的影响》，景德镇陶瓷学院硕士学位论文，2014 年。
171. 吕金:《十三至十五世纪中国青花瓷艺术与伊斯兰装饰的繁荣与共荣》，景德镇陶瓷学院硕士学位论文，2014 年。
172. 王晰博:《古代中国外销瓷与东南亚陶瓷发展关系研究》，云南大学博士学位论文，2015 年。
173. 陈宝强:《宋朝香药贸易中的乳香》，暨南大学硕士学位论文，2000 年。
174. 夏时华:《宋代香药现象考察》，江西师范大学硕士学位论文，2003 年。
175. 李少华:《阿拉伯香药的输入史及其对中医药的影响》，北京中医药大学硕士学位论文，2005 年。
176. 戴杏贞:《元代中外饮食文化交流》，暨南大学硕士学位论文，2007 年。
177. 赵婉莹:《中国古代食疗发展研究》，西北农业科技大学硕士学位论文，2008 年。

178. 严小青:《中国古代植物香料生产、利用与贸易研究》，南京农业大学博士学位论文，2008 年。

179. 吴娟娟:《香料与唐代社会生活》，安徽大学硕士学位论文，2010 年。

180. 刘冬雪:《宋代海外贸易对中医药发展的影响》，上海师范大学硕士学位论文，2011 年。

181. 夏时华:《宋代香药业经济研究》，陕西师范大学博士学位论文，2012 年。

182. 田汝英:《“贵如胡椒”：香料与 14—16 世纪的西欧社会生活》，首都师范大学博士学位论文，2013 年。

183. 李小云:《宋代外来物品研究》，河南大学硕士学位论文，2013 年。

184. 孙灵芝:《明清香药史研究》，中国中医科学院博士学位论文，2015 年。

185. 许圆圆:《唐代南海香药输入及其医药价值研究》，陕西师范大学硕士学位论文，2015 年。

图书在版编目（CIP）数据

涨海声中：福建与波斯、阿拉伯/丁毓玲，林瀚著
．—福州：福建教育出版社，2018.12（2023.2 重印）
（图说福建与海上丝绸之路/谢必震主编）
ISBN 978-7-5334-8333-3

Ⅰ．①涨… Ⅱ．①丁… ②林… Ⅲ．①海上运输—丝绸之路—史料—福建 Ⅳ．①K295.7

中国版本图书馆 CIP 数据核字（2018）第 278150 号

图说福建与海上丝绸之路
主编　谢必震　　副主编　吴巍巍

Zhang Hai Sheng Zhong
涨海声中
——福建与波斯、阿拉伯
丁毓玲　林瀚　著

出版发行　福建教育出版社
（福州市梦山路 27 号　邮编：350025　网址：www.fep.com.cn
编辑部电话：0591-83716736
发行部电话：0591-83721876　87115073　010-62024258）
出 版 人　江金辉
印　　刷　福州印团网印刷有限公司
（福州市仓山区建新镇十字亭路 4 号）
开　　本　890 毫米×1240 毫米　1/16
印　　张　19
字　　数　347 千字
插　　页　2
版　　次　2018 年 12 月第 1 版　　2023 年 2 月第 2 次印刷
书　　号　ISBN 978-7-5334-8333-3
定　　价　98.00 元